CV

Kurt Grobecker

Das HANSE-Lesebuch

Illustrationen von
Heinz-Joachim Draeger

CONVENT VERLAG

Für meine Tochter Julia

Umschlagentwurf: Peter Albers
Satz: KCS GmbH, Buchholz/Hamburg
Druck u. Bindung: Clausen & Bosse, Leck
ISBN 3-934613-14-4

Inhalt

I. Zur Einstimmung

Vorwort

Die Hanse war eines der erstaunlichsten Phänomene der Wirtschaftsgeschichte. Zwischen der Mitte des 11. Jahrhunderts, als die Gotländer den gesamten Ostseehandel unter ihre Kontrolle brachten und den noch dörflichen Handelsplatz Visby nach und nach zu einem Seehandelszentrum ausbauten, bis hin zum letzten Hansetag im Jahr 1669, der sich mit nur noch neun vertretenen Städten als Flop und Abgesang auf die Hanse erwies, lagen sechs Jahrhunderte einer erregenden Erfolgsstory. Es ist die Geschichte eines Handelskartells, die allerdings auch ihre dunklen Flecken hatte.

In den besten Zeiten gehörten rund 200 Städte zwischen Köln und Königsberg, zwischen Bergen und Breslau zum Hansebund, der niemals im juristischen Sinn »gegründet« worden war und der sich nie eine Verfassung im Sinne eines schriftlich fixierten Regelwerks gegeben hatte.

Was dieses außerordentliche Bündnis im Innersten zusammenhielt, war sicher nicht allein das gemeinsame Interesse an möglichst guten Geschäften. Zeitweise war die Hanse auch die politisch dominierende Kraft in Europa, eine mittelalterliche Weltmacht, die ihre charakteristische Ausprägung im Seehandel fand.

Dann wieder offenbarte die Hanse alle Schwächen eines in sich zerrissenen, von Widersprüchen zerfressenen und von Unentschlossenheit blockierten Bundes: ein durch auseinanderdriftende Einzelinteressen geschwächter Debattierclub ohne Biß und ohne Rückhalt.

»Sie war brillant und korrupt«, schreibt ein Autor zutreffend, »sie war einig und zerstritten, sie war egoistisch und weltoffen, sie war kraftvoll und ohnmächtig, sie war entschlossen und engstirnig. Und sie war zeitweilig das Gegenteil von alledem!«

In dem guten halben Jahrtausend ihres Bestehens hat die Hanse ein Lebensgefühl wachsen lassen, das sie selbst überdauert hat – ein Lebensgefühl, das zumindest in den Seestädten Hamburg, Lübeck und Bremen, aber auch in Wismar, Rostock und Stralsund bis auf den heutigen Tag nachwirkt und das uns vielfältige literarische Zeugnisse hinterlassen hat.

Das »Hanse-Lesebuch« will auf amüsante Art einen Hauch dieses Lebensgefühls vermitteln: Geschichten, die sich zu der Zeit ereignet haben, als die Hanse in ihrem Einflußbereich das Alltagsleben der Menschen prägte, und Zitate, die auch heute noch einiges von dem erahnen lassen, was die Identität und das Selbstverständnis der »Hanseaten« ausmacht.

Kurt Grobecker

Nicht »gegründet«, sondern einfach »entstanden«

1418 war Bremen wegen irgendeiner Nichtigkeit mit Hamburg in Streit geraten. Die Bremer erhofften sich von der Gründungsurkunde oder dem Bündnisvertrag der Hanse gute Argumente, um ihren Rechtsstandpunkt untermauern und ihrer Konkurrenz von der Elbe kräftig auf die Füße treten zu können. Also schrieben sie an die Hansestadt Köln, wo sie die Urkunde vermuteten, man möge ihnen doch bitte eine Abschrift davon zukommen lassen.

Die braven Kölner wühlten alle Rathausfolianten von vorn bis hinten durch, daß der Rathausstaub nur so aufwirbelte. Leider wurden sie nicht fündig. Sie teilten dies den Bremern bedauernd mit und versprachen, emsig weitersuchen zu wollen. Das aber war vergebliche Liebesmüh, denn es gab kein solches Dokument, weil die Hanse niemals formell gegründet worden war. Sie ist einfach »entstanden« und zu einer mächtigen Interessengemeinschaft herangewachsen. Das aber wußten offenbar weder die Bremer noch die Kölner. Und die übrigen 200 Städte ebenfalls nicht, die sich der Hanse zurechneten und die von den anderen als »Hansen« akzeptiert wurden.

Russisches Wachs für deutsche Kerzen

Seit dem 11. Jahrhundert hatten die Gotländer, ein eher bäuerlich geprägtes Volk, ihre Seefahrer bis nach England, vorzugsweise aber nach Rußland fahren lassen. Seinen Handelsplatz auf der Insel – die Stadt Visby war noch nicht gegründet – hatte das unternehmungslustige Inselvolk zu einer Drehscheibe für Luxusgüter entwickelt. Tuche aus Flandern brachte man auf wendigen und schnellen Wikingerschiffen über den Fluß Wolchow bis nach Nowgorod hinauf. Was die Gotländer von dort als Rückfracht nach Westen transportierten, fand reißenden Absatz: wertvolle Pelze, mit denen sich die Wohlhabenden gern schmückten und die als eine Art Statussymbol galten. Außerdem brachten sie Metallwaren, exotische Gewürze und Seidenstoffe, die schon eine Reise von Byzanz bis nach Nordrußland hinter sich hatten.

Das lukrativste aber war Wachs, das in gewaltigen Mengen importiert wurde. Die Kirche war der wichtigste Abnehmer, denn sie benötigte Wachskerzen für ihre liturgischen Rituale. Schon zu Hansezeiten wußte man: Der Glaube versetzt nicht nur Berge, er kurbelt auch den Handel an.

Die »Königin der Hanse« wird geboren

Nichts ärgert einen Vorgesetzten mehr als der sichtbare Erfolg eines Untergebenen. Er ärgert ihn sogar dann, wenn er selbst davon profitiert.

Heinrich, dem man später den Beinamen »der Löwe« gab, war in diesem Punkt keine Ausnahme. Als Lehnsherr beobachtete er mißtrauisch und bewundernd zugleich, was sein Vasall Adolph II. ein paar Meilen vom »mare balticum« entfernt trieb: 1143 gründete er – nur wenige Kilometer von der alten wendischen Burg- und Hafensiedlung Luibice entfernt – die Stadt Lübeck, was dem Chronisten Helmold zufolge soviel bedeutete wie »die Fröhlichkeit aller Leute«.

Grund zur Freude hatten die Lübecker zunächst eigentlich nicht, denn Heinrich versuchte immer wieder mit allen möglichen Politikertricks, Adolph die Stadt abzuluchsen. Es entstand sogar das Gerücht, bei der Feuersbrunst, die bald darauf das junge Lübeck in Schutt und Asche legte, habe der Löwe ein wenig nachgeholfen. Genaues aber wußte man nicht.

Die Trümmer waren noch nicht abgekühlt, da begannen die Lübecker, ihre Stadt wieder aufzubauen. Denn ihnen war klar: Einen besseren Standort hätte man nicht finden können. Die in ihren ursprünglichen Strukturen noch heute erkennbare Anlage der Stadt schützte sie vor feindlichen Überfällen. Der von den Flüssen Trave und Wakenitz umschlossenen Halbinsel konnte sich von See her kein Schiff und über Land kein feindliches Heer unbemerkt nähern.

Und die Leute, die sich dort ansiedelten, hatten Biß und waren umsichtige und wagemutige Kaufleute!

Gute Voraussetzungen, um Lübeck zu einer florierenden Handelsstadt zu entwickeln. Die Chance wurde genutzt: Lübeck wurde die »bevorzugte Stadt des mächtigsten Reichsfürsten« und setzte sich bald darauf die Krone einer »Königin der Hanse« aufs Haupt.

Die Hansekontore

Die Hansekontore in London, Brügge, Nowgorod oder Bergen waren ursprünglich als genossenschaftliche Bünde organisiert, die ihre Angelegenheiten nach sich selbst verordneten Satzungen regelten und in eigener Verantwortung mit den jeweiligen Landesherren die gegenseitigen Rechte und Pflichten aushandelten.

Politisch hatten die Hansekontore unterschiedliche Stellungen. Die in diplomatischer Hinsicht wichtigsten waren die Niederlassungen in Brügge und London.

Finanziert wurden diese Kontore durch eine Art »Solidaritätsabgabe«, deren Höhe nach dem jeweiligen Umsatz der Kaufleute bemessen wurde.

Die Kasse der Hansekontore verwaltete ein Ältermann, der auf ein Jahr gewählt wurde. Er vertrat das Kontor nach außen und war nach innen sein Gerichtsherr.

Die Kontore waren – ausgenommen Brügge – zugleich auch der Wohnbezirk der deutschen Kaufleute, in denen eine überaus strenge Disziplin gehalten werden mußte. Ungestraft durfte nicht gegen die anerkannten Regeln verstoßen werden.

Die Hansekontore waren abgeschlossene Bezirke, gewissermaßen kleine Städte in der Stadt. Es gab meistens alles, was der Kaufmann zum Leben benötigte, einschließlich einer Kirche und einem Badehaus.

Allerdings gab es teilweise auffällige regionale Unterschiede. So unterschied man beispielsweise in Nowgorod zwischen »Sommer«- und »Winterfahrern«. Weil man jeweils nur in den eisfreien Monaten hin- oder zurückreisen konnte, blieben bestimmte Gruppen jeweils in »ihrer« Jahreszeit dort und versuchten sich, so gut es ging, die Zeit zu vertreiben.

Am begehrtesten war London, weil die »Rahmenbedingungen« dort als besonders angenehm empfunden wurden. London war der Platz, wie ein Chronist anmerkt, an dem sich die »Fürsten des Handels« trafen. Zwar lebten sie auch in der Metropole an der Themse in der geschlossenen Gemeinschaft, aber sie waren nicht so streng von der einheimischen Bevölkerung isoliert wie ihre Kollegen im nord- und osteuropäischen Raum. Dem deutschen Ältermann stand ein englischer zur Seite, der Streitfälle zwischen seinen Landsleuten und den Hansen bereinigte. In einer rheinischen Weinstube, die es im »Stalhof« gab, durften auch Engländer aus gehobenen Ständen ihren Schoppen trinken und mit den hansischen Kaufleuten »fraternisieren«.

Allerdings war auch der Stalhof mit einer Mauer umgeben, deren Tore abends geschlossen wurden. Die Engländer hatten den Hanseleuten sogar die Bewachung des Londoner Stadttores Bishopsgate übertragen und ihnen deshalb erlaubt, Waffen zu tragen.

Das nicht weniger feine Hansekontor in Brügge – das man damals das »Venedig des Nordens« nannte und das den Hansen erlaubte, sich 1457 für ihre Versammlungen ein »Haus der Osterlinge« zu bauen – war noch offener als das in London. Kontakte zwischen den Bürgern der Stadt und den »Osterlingen«, den Hansen, die aus weiter östlich gelegenen Städten kamen, waren nicht nur erlaubt, sondern im besonderen Maße erwünscht. Dies bedeutete jedoch nicht, daß nicht auch hier ein strenger Verhaltenskodex einzuhalten gewesen wäre. Wer ihn mißachtete, wurde hart bestraft. Sich während der Rede eines Ältermanns zu unterhalten, galt als schweres Vergehen, das geahndet wurde.

Schlußlicht in der Rangordnung der Hansekontore war Bergen. In dem von zerklüfteten Felsen eingerahmten Hafenstädtchen war es feucht, düster und ungemütlich. Und während sich in der englischen Hauptstadt und im belgischen Brügge der Kaufmannsadel versammelte, traf sich in Bergen das Fußvolk der Zunft, das zusammen mit den dort lebenden deutschen Handwerkern ein ziemlich trostloses Dasein fristete. Die Nächte waren lang, und die armen Hansen saßen manchmal monatelang in ihrem Ghetto der Tyskebrygge, der »Deutschen Brücke«, und heckten allerlei dummes Zeug aus. Wie das mit Männern so ist, die sich zu lange langweilen, denn Frauen war der Zutritt zu den Hansekontoren streng untersagt. Man sprach deshalb auch von »Hanseklöstern«. Auch wenn die strengen Sittenregeln nicht immer eingehalten wurden!

II. Von Recht und Ordnung: »Mannshand baven«

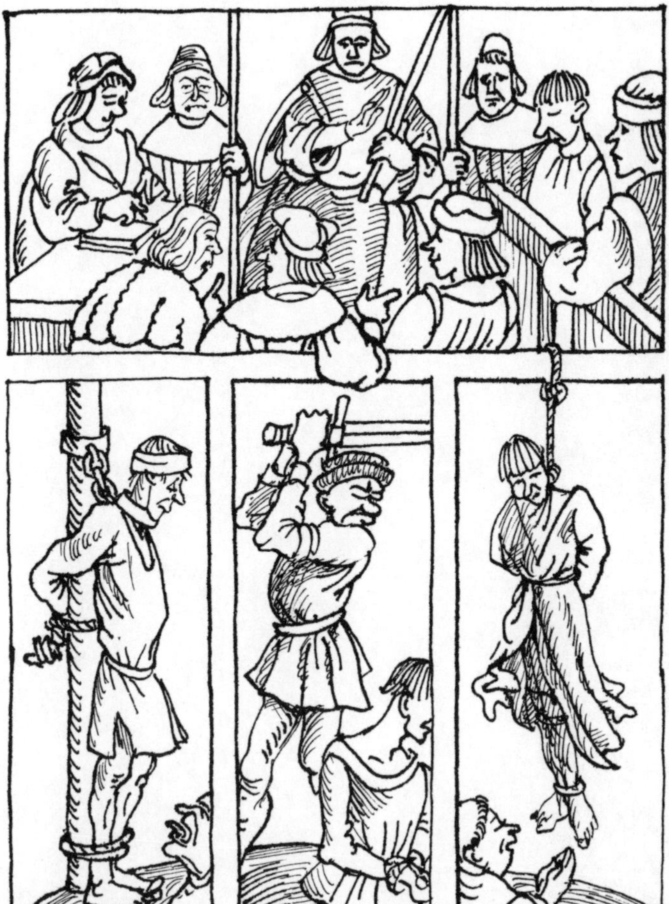

Mannshand baven!

Grundsatz im Hamburger Stadtrecht von 1603, das dem Hanseaten kraft seiner hausherrlichen Gewalt gegenüber der Frau bei deren Verschulden ein mäßiges Züchtigungsrecht zugestand.

Das Weiberregiment wider Gottes Ordnung

Was vernünftige Mannspersonen sind, die verwerfen nicht schlechterdings alles Weiber-Regiment; jedoch hütet sich auch auf der anderen Seite jeder vernünftige Mann, seiner Frau mehr einzuräumen, als ihr überhaupt oder insonderheit zukömmt. In solchem Falle soll ein Mann fein dahin trachten, daß er zu seiner vernünftigen Oberherrschaft im Hause tüchtig sey; denn das sey ferne, daß wir der unsinnigen Herrsch- und Zank-Sucht mancher hochmüthigen Weiber das Wort reden, oder behaupten sollten, die Männer müßten sich ihres, in der Ehe ihnen zukommenden Herren-Rechtes, des Rechtes der Ober-Direction, begeben und ihren bösen Weibern, wie man zu reden pflegt, die Hosen überlassen. Denn dieses streitet nicht nur wider Gottes Ordnung, sondern es beleidigt auch den Wohlstand bey dem weiblichen Geschlechte so gut wie bey dem männlichen, und ist etwas so Unanständiges und Schimpfliches, daß sich vernünftige und tugendhafte Frauen von selbst davor hüten, außer wenn die besondere Schwachheit des Mannes, die Beschaffenheit der Wirthschaft und des Weibes eigne größte Geschicklichkeit so etwas erfordern, welches aber bloß eine Ausnahme von der Regel ist.

Lexikon, 1772

Straffe des Ehebruchs

Wenn einer ehebrüchig wird an seiner ehelichen Haußfrawen und sich mit eines anderen Mannes ehelichen Haußfrawen unehrbarlich vermischet: So soll der Ehebrecher zum ersten mahl mit einer scharffen Geldtbuß zu einhundert Reichsthalern belegt, da er aber mit einer ledigen Person zu schaffen hat mit funfftzig Reichsthalern gestrafft werden. Und so er diesselbe nicht hat zu bezahlen, soll er sich dieser Stadt und Gebiete so lange, biß er die Straffe erleget hat, enthalten.

Da er aber zum andern mahl solches Ehebruchs mit einer ehelichen Frawensperson wird schuldig befunden, soll derselbe sich mit solcher erwiederten Verwirckung sich dieser Stadt und Wohnung verlustig machen.

Wie dann auch ein Eheweib, das an ihrem Ehemanne ehr- und trewloß wird, und der Ehemann sie wieder zu sich zu nemen beharrlich verweigert, mit gefenglicher Hafft belegt oder am Pranger mit Ruten gezüchtiget und dieser Stadt und Gebiete soll verweiset werden.

Aus der Hamburgischen Gerichtsordnung von 1605

Hanseatische Strafverschärfung

Aus dem Jahr des Herrn 1621 ist in Hamburg ein Fall von »Spekulation auf das öffentliche Gut« überliefert, der nach rechter Hanseart abgestraft wurde.

Damals erwischte man einen gewissen Claus Möller, Baumseidenmacher seines Zeichens und Sohn eines ehrbaren Domtürmers. Obwohl man in Sachen Wohlanständigkeit bei dem Fußvolk des Lieben Gottes ja auch nicht immer ganz sicher sein kann. Besagter Claus Möller hatte sich an den »gemeinen Kasten« herangemacht, wie man die Schatztruhe der Stadtkämmerei damals nannte. Aufgeflogen war er, weil er sich ziemlich dusselig angestellt hatte, was für sich gesehen schon strafwürdig ist! Statt nämlich das Bare in die Taschen zu stecken, stopfte er es in mehrere Säcke, auf denen das Stadtwappen zu sehen war. Die warf er anschließend auf den Müll vor seiner Haustür, und dort fand sie ein »Plundermatz«. So nannte man im 17. Jahrhundert die Lumpensammler.

Damit hatte der Mann schlechte Karten. Zwar versuchte er vor seinen Richtern zu lügen, als sei's ein Untersuchungsausschuß in Sachen Parteispenden. Aber die Möglichkeiten, der Wahrheit auf die Spur zu kommen, waren damals einfach besser: Man stellte dem Angeklagten die sogenannte »scharfe Frage«. Das heißt, man zeigte ihm schon mal die Folterwerkzeuge. Und schon gab der Claus Möller zu, daß er die Kasse der Kämmerei »zu verschiedenen malen« um Erkleckliches erleichtert hatte.

Damit war das Schicksal des Claus Möller besiegelt.

Als man ihn am höchsten Galgen der Stadt hochzog, mußte sein Gesicht nach Norden gerichtet sein. Den Brauch hatten die Hamburger von ihren heidnischen Vorfahren übernommen. Im Norden lag nämlich nach Auffassung der alten Germanen die sogenannte »grimmige Ecke«, jener Ort der Verdammnis, den die Christen später in die Unterwelt verlegten.

Das Mißliche an der germanischen grimmigen Ecke: Im Gegensatz zur christlichen Hölle, wo es nach den Bekundungen höchst glaubwürdiger Kirchenfürsten auch nicht angenehm, aber wenigstens ziemlich warm sein soll, herrscht am Verdammnisort der Germanen furchtbare Kälte, und den Übeltäter peinigt stetiger Frost bis in alle Ewigkeit.

Und nicht nur das: Zur Kälte kommt noch ewiger Durst.

Ewiger Durst aber war die schlimmste Strafe, die sich ein Hanseat vorstellen konnte.

Wat wy hie kosen und bedryven, dat sal under deser Rosen blyven!

Rostock, 15. Jahrhundert.

Die »Rose« war ein Raum des Rostocker Ratskellers, dessen Decke mit einer steinernen Rose verziert war. Hier pflegten die vornehmen Kaufleute zu trinken und miteinander zu reden.

Rauflust und derbe Fäuste

»Wenn die Ratsherren mit einer Hand die Fürsten abzuwehren suchten, so mußten sie oft die andere gegen die Bürgerschaft erheben und dadurch ihre Kraft schwächen. Die Handwerker, die Schiffer, die Arbeiter hatten derbe Fäuste und waren voll Rauflust, sie hatten im Kriege weniger zu verlieren und im Frieden weniger zu gewinnen als die Regenten ...«

Ricarda Huch über Rostock

Vom Verrat eines Rostocker Bürgermeisters

Die feine hanseatische Art war das nicht, die sich der Bürgermeister der schönen Hansestadt Rostock leistete. Aber sie hatte nachhaltige Folgen.

Rostock war gerade mal wieder in eine kriegerische Auseinandersetzung verwickelt. Die Stadt war wochenlang belagert gewesen, aber mit der den Hanseaten angeborenen vorausschauenden Planung hatten die Rostocker reichlich Proviant eingelagert. Noch würden sie einige Zeit durchhalten können, dessen war sich der Ehrbare Rat samt seinen Bürgern ganz sicher. Aber die Ratsleute hatten nicht damit gerechnet, daß es manchmal rechte Schweinehunde an die Futterkrippen der Politik zog – im Mittelalter, versteht sich! Der Mann wurde schwach, als sich ein Kundschafter der Feinde mit ziemlich vollen Taschen in der Stadt nach einem umsah, der diese Taschen gern entleeren und das schöne Geld in seine eigenen stecken wollte. Ausgerechnet der Bürgermeister erlag seiner Begehrlichkeit und ließ sich auf den schmutzigen Deal ein. Irgendwie fädelte er die Sache so ein, daß die Belagerer nachts in die Stadt eindringen konnten. Als die armen Rostocker am nächsten Morgen arglos aufwachten, waren sie nicht mehr Bürger einer belagerten, sondern einer besetzten Stadt.

Natürlich wollten sie dahinterkommen, wie das geschehen konnte.

Der Bürgermeister, der sie hereingelegt hatte, rieb sich nicht lange die Hände und wurde mit seinem auf so unredliche Weise erworbenen Geld nicht glücklich. Denn seine Rostocker überführten ihn bald und legten ihm Eisenringe um Hals, Arme und Füße und sperrten ihn in den Mauerturm, wo er bei Wasser und Brot – für das nicht mehr als ein Schilling ausgegeben werden sollte – langsam verhungerte.

An der Innenseite des Steintores ist das Ereignis in einer kleinen Plastik zur Mahnung an die Nachwelt verewigt.

Seitdem gibt es in der ehrwürdigen Hansestadt nur noch anständige und unbestechliche Bürgermeister!

* * *

»An diesem Orte habe ich es geschworen, mir das Wohl meiner Nebenbürger am Herzen liegen zu lassen. Hier habe ich es geschworen, meines Mitbürgers Elend und Schicksal mir nicht gleichgültig sein zu lassen ... Man sollte diese Menschen von ihren Sklavenketten erlösen und sie als freie Menschen nützlich werden lassen.«

Der Stralsunder Kaufmann Johann Martin Gemeinhardt Ende des 18. Jahrhunderts über das »barbarische Institut« der Leibeigenschaft in Pommern und Rügen. Er selbst verlor in seinem Kampf für die Unterdrückten sein ganzes Vermögen und starb verarmt in Rostock.

So ziehet der tapfre, der mutige Schill,
Der mit den Franzosen sich schlagen will.
Ihn sendet kein Kaiser, kein König aus,
ihn sendet die Freiheit, das Vaterland aus.

Ernst Moritz Arndt über den Stralsunder Freiheitshelden Ferdinand von Schill, der 1809 im Kampf gegen die Franzosenherrschaft gefallen war.

Alles, was recht war: Der »Hungerkorb« im Spinnhaus

Das Jahr, in dem der letzte Hansetag die ganze Schwäche des ausgezehrten Bundes offenbarte, war für Hamburgs Justiz ein Neuanfang: 1669 wurde das »Spinnhaus« eingerichtet. Dorthin brachte man die Leute, die es nicht verstanden hatten, sich in einer Phase guter Handelsgeschäfte ihren Anteil zu sichern. Im Einklang mit der Armen-Ordnung wurden Leute ins Spinnhaus gesperrt, die wegen wiederholter Bettelei aufgegriffen worden waren und bei denen »Staupenschlag«, also gehörige Prügel, nicht helfen wollte. Bei Wasser und Brot glaubte man, die »trägen, widerspenstigen und betrüglich handelnden Armen« bessern zu können.

Natürlich funktionierte das nicht, mochten sich die durch die Straßen patrouillierenden »Armenvögte« auch noch so ins Zeug legen und die Leute einfangen. Es waren einfach zu viele, die unterhalb dessen leben mußten, was man heute das Existenzminimum nennt. Etwa ein Drittel aller Hamburger hatten einfach kein Auskommen und waren deshalb gezwungen, sich mit unredlichen Mitteln durchzuschlagen.

Durch harte Arbeit wie Weben, Wollekratzen und

Spinnen versuchte die Justiz, ihre Schäfchen wieder auf den Pfad der Tugend zu bringen.

Im Spinnhaus saßen überwiegend unverheiratete schwangere Frauen, die hier geläutert werden sollten.

Wer aufmüpfig war, für den gab es einen fein abgestuften Strafkatalog, angefangen bei der gefürchteten Einzelhaft in der »Koje« bis hin zum Halseisen, das man den Delinquenten anlegte.

Die härteste Strafe, die im Spinnhaus verhängt wurde, hat ein englischer Kupferstecher für die Nachwelt anschaulich festgehalten: Wer die vorgegebene Arbeitsleistung nicht brachte, der wurde in einen Korb gesetzt, den ein Wärter über eine in die Holzdecke eingelassene Öse hochzog. Von dort aus durfte der oder die Verurteilte tagelang zugucken, wie die anderen ihre Wassersuppe, den Hirsebrei und die Hülsenfrüchte herunterquosten.

Um dem Hungernden vor Augen zu führen, daß seine Strafe nach hanseatischer Auffassung eigentlich noch recht milde war, hing zur Warnung hinter dem Stuhl des Aufsehers eine Peitsche an der Wand.

Armut, schreibt ein Autor unserer Tage, war aus der Sicht unserer hanseatischen Urgroßväter ein selbstverschuldeter Zustand, eine Art Charakterschwäche, die den Leuten auszutreiben war.

Wer die Peitsche genug zu spüren bekommen hatte, der war zwar immer noch arm am Beutel, aber reich an Erfahrungen mit dem hanseatischen Rechtssystem. Das war doch schon mal ein guter Anfang!

Sancta Justitia

Dieses Jahr 1677 den 19. Oktober war zu Hamburg ein Ochsen-Dieb, weil er auff den Ochsen-Markt zwei Ochsen nach einander in anderer Leute Nahmen bedungen und weggetrieben, folgendermassen abgestraffet: Er mußte erstlich eine rohte Ochsen-Haut als einen Mantel übernehmen, also daß er die Hörner auf seinem Kopff hätte und den Schwantz und Hintertheil der Haut als einen langen Schlep-Rock nachschleppete, also einige Stunden am Pfahl auffen Ochsen-Markt mitten unter den Ochsen stehen und hernach in grosser Folge und Procession des Herrn Onmis Gesindelein durch die Stadt passiren.

Historische Beschreibung von 1696

Wie ein Mißerfolg den Lübecker Bürgermeister den Kopf kostete

1340 übernahm Waldemar Atterdag das Kommando in seinem zerrütteten Dänenreich. Lübeck klatschte laut und vernehmlich Beifall. Im Gegenzug machte Waldemar den wendischen Städten – wozu auch Hamburg gerechnet wurde – allerlei Zugeständnisse. Die Samtpfötchen zog er allerdings ein, als sich sein marodes Reich nach und nach konsolidierte. Zwanzig Jahre nach seiner Machtübernahme tat er das, was er wahrscheinlich von Anfang an im Sinn gehabt hatte: Er schlug zu! 1360 besetzte er Schonen und ließ sich lange bitten und unanständig hoch bezahlen, bis er Schonen seine alten Handelsprivilegien bestätigte.

Und weil die Sache mit dem Überfall so gut geklappt hatte, schob er gleich noch einen hinterher: Er nahm Gotland und plünderte das wohlhabende Visby, die damals wichtigste Stadt des Bundes nach Lübeck.

Jetzt schlugen die verärgerten Hansen zurück. Ein paar Tage nach dem Überfall setzten sie sich in Greifswald zusammen und beschlossen, Waldemar den Krieg zu erklären und über Dänemark einen Boykott zu verhängen.

Der Hansebund zog gut vorbereitet in die Schlacht: Seine Armada bestand aus annähernd fünfzig Schiffen und knapp zweieinhalbtausend Mann unter Waffen. Das war viel mehr, als Waldemar Atterdag aufzubieten hatte. Die hansische Übermacht wurde von dem Lübecker Bürgermeister Johann Wittenborg befehligt. Der ließ seine Flotte nach Helsingborg segeln und die Festung ein Vierteljahr lang belagern, in der Hoffnung, daß die Norweger und Schweden zu Hilfe kommen würden. Die aber drückten sich trotz ihrer Zusage, und

Wittenborg dümpelte mit seiner Flotte entschlußlos herum. Das blieb den kriegserfahrenen Dänen natürlich nicht verborgen. Waldemar riskierte einen Überraschungsangriff und wurde dafür belohnt: Ein rundes Dutzend Koggen der Lübischen fiel in seiner Hände, und den Rest der Flotte schnitt er geschickt vom Nachschub ab.

Johann Wittenborg mußte um Waffenstillstand bitten. Das ärgerte seine Lübecker, die sich insgeheim schon auf eine Siegesfeier auf dem Marktplatz gefreut hatten. Damit war es nun nichts.

Auch wenn das Volk noch kein Wahlvolk war, mußte man es doch bei Laune halten. Also beschloß der Rat der Stadt, den unglücklichen Wittenborg hinzurichten und den Lübeckern damit auf dem Marktplatz eine schöne und höchst unterhaltsame Morgenvorstellung zu geben.

Das war alles andere als unmenschlich. Im Gegenteil. Es entlarvt die ganze Grausamheit demokratischer Systeme: Während man die Nieten im Mittelalter köpfte, aufs Rad flocht und vierteilte, um ihnen auf diese Weise ein schnelles Vergessen ihrer Mißerfolge zu ermöglichen, setzen wir heutzutage unsere unfähigen Politiker der quälenden Schande aus, eine widerlich fette Pension ans Bein gebunden zu bekommen.

Das zwingt sie, bis ans Lebensende über ihre Unfähigkeit nachdenken zu müssen!

Wer zum zweiten und dritten mal in Jahresfrist zur Zwangs-Arbeit ins Zuchthaus geschickt wird, muß drei Tage mit Wasser und Brodt beköstigt werden, und acht oder vierzehn Tage mit dem Block am Bein arbeiten.

Hamburgische Gesellschaft zur Beförderung der Künste und nützlichen Gewerbe, 1792

Strafe für »lüderliche« Frauenzimmer

Auspauken oder Austrommeln war vormals eine an etlichen Orten eingeführte Strafe und Beschimpfung unzüchtiger und lüderlicher Weibspersonen, vermöge welcher solche an einem Wochen-Markttage durch des Scharf- oder Nachrichters Knecht, der auf einer alten übelklingenden Trommel mit einem Knochen paukte, zum Thore hinausgeführt und aus dem Stadtgebiete oder auch des Landes öffentlich verwiesen wurden.

Frauenzimmer-Lexikon 1773

Die Schmuddelaffäre Klaus Störtebeker

Die Seeräuber, die sich selbst »Likedeeler« oder »Vitalienbrüder« nannten, waren das größte Ärgernis und die gefährlichste Herausforderung für die Hanse.

Die prominentesten der Zunft waren Klaus Störtebeker und Godeke Michels. Sie hatten das Geschäft der Seeräuberei zwar nicht erfunden, aber sie hatten es bis zur Perfektion entwickelt. Seeräuberei war anfangs keineswegs ausschließlich die Sache dunkler krimineller Elemente, sondern auch das Anliegen vermeintlich ehrbarer Landesherren.

Es war eigentlich ganz einfach: Irgendein Fürst, der einem anderen eins auswischen wollte oder dem das Geld ausgegangen war, stellte einem abenteuerlustigen Kapitän seines Vertrauens einen Kaperbrief aus. Der hißte die furchterregende Piratenflagge auf seinem Schiff und kaperte befehlsgemäß alles weg, was er irgendwie auftreiben konnte. Von der Beute erhielt er eine hübsche Provision.

Aber die Sache lief anders, als es sich die ehrbaren Fürsten vorgestellt hatten. Als nämlich die Kaperkapitäne ihre Lehrjahre hinter sich hatten und das Handwerk gründlich beherrschten, wollten sie nicht mehr einsehen, warum sie ihre Beute bei ihrem fürstlichen Arbeitgeber abliefern sollten. Also machten sie sich selbständig und kaperten fortan auf eigene Rechnung. Bei Störtebeker und Michels jedenfalls scheint es so gewesen zu sein, obwohl man Genaues nicht weiß.

Gesichert ist aber, daß Störtebeker und seine Spießgesellen zunächst im Ostseeraum gekapert hatten, bis ihnen die Sache wegen des Widerstandes vor allem des Deutschen Ordens zu riskant wurde und sie sich zur Nordsee absetzten. Da gab es etliche undurchsichtige und korrupte Friesenfürsten, die gern gemeinsame Sache mit ihnen machten. Und auch die Grafen von Oldenburg sollen in dieser Angelegenheit nicht ganz sauber gewesen sein. Vielleicht fühlten sie sich Klaus Störtebeker innig verbunden; denn es spricht viel dafür, daß es sich bei dem Star der Branche um einen Adligen aus der Gegend um Wismar gehandelt hat. Er sei, so wird vermutet, entweder hoch verschuldet gewesen (was bei Leuten dieses Standes häufiger vorkam) oder gekränkt (wozu Standespersonen immer irgendeinen Anlaß fanden) oder geldgierig (was sie nur selten nicht waren) oder abenteuerlustig (was Störtebeker bei Kaperfahrten unter Beweis gestellt hat). Oder war es von jedem ein bißchen?

Es spricht auch einiges für die gelegentlich geäußerte Annahme, Hamburg habe in der Angelegenheit Klaus Störtebeker auch keine ganz reine Weste. Der kurze und nichtöffentliche Prozeß, den man Störtebeker und seinen Mit-Räubern gemacht hat, bevor sie der Henker auf dem Grasbrook zur Gaudi des Volkes hinrichtete, sei als Indiz dafür zu werten, daß die Hansestadt an einem schnellen Ende der Schmuddelaffäre interessiert war. Die Zusammensetzung des Gerichts habe allzu enge Geschäftsbeziehungen zwischen Klägern und Richtern erkennen lassen. Die Tatsache, daß geraubte Waren ja irgendwie verkauft werden mußten, hat mancherlei Fragen offengelassen. Die »Likedeeler« werden den Verkauf nicht selbst organisiert, sondern mit ehrbaren Kaufleuten kooperiert haben.

In dem Buch »Hanse zur See« wird deshalb die wohl nicht ganz unberechtigte Frage aufgeworfen: »Sollte Klaus Störtebeker am Ende gar nicht der verkommene, blutgierige, rauflustige und blutrünstige Bösewicht gewesen sein, als den ihn uns unsere Schulbücher immer so bildhaft vorgeführt haben? Sollte er Mitwisser, Handlanger und Werkzeug einer unsauberen Patrizierclique zunächst in Wismar, dann in Lübeck und schließlich in Hamburg gewesen sein, Lieferant für Hehlerware, die von den im Rat sitzenden schwarzen Schafen aus der Zunft der ehrbaren Kaufleute gern genommen wurde? Klaus Störtebeker als Opfer korrupter Politiker, wenn der Pleonasmus gestattet ist?

Das wäre ein denn doch zu plausibler und lebensnaher Stoff, zu naheliegend und uns Nachgeborenen zu alltäglich, als daß sich daraus spannende Abenteuergeschichten stricken ließen.

Oder doch?

Jedenfalls haben wir uns damit schon weit auf das Glatteis der Spekulationen gewagt. Und weil sich die viel schöner vermitteln lassen als die lautere Wahrheit, die wir ohnehin nicht kennen, gehen wir gleich in die Vollen und genießen, was phantasiereiche Legenden-Erfinder aus Klaus Störtebeker gemacht haben.«

Sieben Jahresgehälter für Hamburgs Zukunft

Wenn es um die Handelsgeschäfte ging, waren die Hansen einfallsreich. Um ihren Schiffen freie Fahrt auf Meeren und Flüssen zu sichern, scheuten sie keine Kosten. Und erst recht keine Mühe.

580 Mark, das siebenfache Jahresgehalt eines Handwerksmeisters, legte der Ratssyndikus Dr. Moller in der zweiten Hälfte des 16. Jahrhunderts auf den Tisch des Flensburger Ratsherrensohnes Melchior Lorichs. Dafür sollte der gelernte Kartograph für den Hamburger Rat eine bis ins kleinste Detail ausgearbeitete Elbkarte

zeichnen, die Hamburg als Expertise und den Beweis nutzen konnte, daß die Norderelbe der Hauptstrom ist und die Süderelbe ein unbedeutender Nebenarm.

Der Beweis war für die Hamburger wichtig; denn sie stritten sich um diese Frage mit den Herzögen von Braunschweig-Lüneburg und dem Herzog Otto II. zu Harburg. Natürlich ging es um handfeste wirtschaftliche Interessen. Im Zuge des Streits hatten Hamburgs Gegenspieler den Standpunkt vertreten, im Stromspaltungsgebiet südöstlich Hamburgs flössen zwei verschiedene Flüsse und nicht nur ein und dieselbe Elbe, die sich nur in eine Norder- und Süderelbe teile. Das war nicht nur eine akademische Frage oder gar geographische Haarspalterei, die 1568 entschieden werden mußte, sondern es ging um die Berechtigung Hamburgs, den an der Stadt vorbeiführenden Fluß zu regulieren. Durch diese Arbeiten wurde Harburg und Lüneburg im wahrsten Sinn des Wortes das Wasser abgegraben, und sie konnten ihre Häfen nicht in der von ihnen gewünschten Weise entwickeln.

Der Prozeß selbst wurde in Lübeck als der Königin der Hanse geführt. Für Hamburg ging es außer dem Recht der Flußregulierungen auch noch um die Stapelrechte. Kaiser Friedrich III. hatte 1482 verfügt, daß alle die Stadt passierenden Schiffsladungen zuerst hier zum Kauf angeboten werden mußten. Fand sich kein Käufer, dann konnten die Ladungen entweder hier gestapelt werden, bis sie abzusetzen waren, oder der Schiffer mußte ein hübsches Sümmchen Zoll zahlen, damit er mit seiner Fracht weiter elbaufwärts ziehen durfte. Lüneburg und Harburg ärgerte das. Hätten sie beweisen können, daß die Süderelbe kein Teil der Elbe sei, hätten sie verhindern können, daß die Hamburger den an ihrer Stadt vorbeiziehenden Fluß zum Nachteil der Süderelbe ausbauen.

Die Hamburger Interessen zu untermauern gelang dem Zeichner Melchior Lorichs. Fein säuberlich und überaus gewissenhaft zeichnete er auch, was Hamburg alles für die Elbe zwischen Geesthacht und Neuwerk getan hatte. Bis hin zur kleinsten Boje wurde von ihm alles kartographiert, sogar die Durchstiche, mit denen man die Stromspaltungsgebiete trockengelegt hatte.

Das Reichskammergericht zu Lübeck zeigte sich beeindruckt. Irgendwie lag ihm Hamburg wohl auch mehr am Herzen als Harburg. Jedenfalls schmetterte es die Klagen ab. Die Investition von 580 Mark erwies sich für Hamburg als gute Investition. Hätte das Reichskammergericht anders entschieden, wäre Hamburg heute möglicherweise ein »Anhängsel« von Harburg und nicht Harburg ein Stadtteil der Elb-Hansestadt.

III. Von der Kunst zu leben und am Leben zu bleiben

»Kein Jungfernkuß hat den Geschmack …«

»Toback drinken« war die Umschreibung für eine unappetitliche Sitte, die um das Jahr 1600 über Europa hereinbrach: Die Männer – und damals waren nur sie dieser Sucht verfallen – sogen Tabaksqualm in sich hinein und redeten sich ein, das verschaffe ihnen Befriedigung. Nicht alle waren damit einverstanden, daß die Atemluft auf solche Weise verpestet wurde. Die meisten Zünfte verboten ihren Mitgliedern, während der Morgensprachen, also den Zunftversammlungen, zur Tabakspfeife zu greifen.

Dann aber kam jemand auf eine absonderliche Idee, mit der er allen Rauchern Absolution erteilte. Im »Relations-Courier«, einer von Kaufleuten vielgelesenen Zeitung, lobte er den Tabak als wunderwirkendes Heilmittel: »Wegen seiner zertheilenden Kraft und gelinden Abführung des corrosivischen Schleims hat er grossen Applausum gefunden, er zertheilet alle Haupt-Flüsse und Kopfschmerzen, er clarifizieret die Augen, schärfet das Gehör und curiret alle Zahnschmerzen in wenig Minuten, er stillet durch sein balsamisches Öl alle Schmertzen an dem gantzen menschlichen Cörper. Von diesem Tobacco kann einer rauchen den gantzen Tag und wird ihm wohl bekommen …«

Allerdings hatte der Apologet des Tabaks seine Rechnung ohne die Kirche gemacht. Die Geistlichen beschimpften die Raucher, sie machten ihren Mund zum »Rauchfang des Satans«. Und eine moralische Zeitschrift drohte gar, die »Tobacks-Brüder« müßten in der Hölle zur Strafe für ihre irdischen Rauchersünden bis zum Jüngsten Gericht ein höllisches Kraut rauchen.

Dafür war es auf Erden – zumindest in der Öffentlichkeit – nicht erwünscht, qualmend durch die Gegend zu laufen. Auf Hamburgs berühmter Flanierstraße Jungfernstieg, so bestimmte eine Gassenordnung aus der zweiten Hälfte des 19. Jahrhunderts, solle man sich der »cigarros« enthalten.

Waren zunächst noch die Unterschichten – Handwerksgesellen, Soldaten, Seeleute und Hausangestellte – Konsumenten des »Tabakskrauts güldenen Blättern«, so erlagen nach und nach auch die anderen Stände der Sucht.

Die Hanseatinnen erwiesen sich zunächst noch als tabakresistent und zogen mit ihrer Abneigung sogar gegen die Männer zu Felde. »Wenn jemand nach ihnen freyete«, so notierte ein Autor zu Anfang des 18. Jahrhunderts, »bedungen sie sich dieses expresse, daß man den Taback mußte fahren lassen … weil er eine beschwerliche Atemholung oder Stanck machete.« Am Ende aber ließen unsere vergnügungssüchtigen Hanseaten lieber die Angebetete fahren als den Tabak. Trotzig faßten sie ihre Erkenntnis in den Reim:

»Kein Jungfernkuß hat den Geschmack
als wie das edle Kraut Toback.«

Nun erwiesen sich die Hanseatinnen ihrerseits als trotzig. Sie gaben ihren Widerstand gegen das »Tabaktrinken« auf und kauften sich kleine Pfeifen mit Porzellankopf, sogenannte »Jungfernpfeifen«, an denen sie nach Leibeskräften sogen.

Jedenfalls so lange, bis sie eine andere noch unappetitlichere Sucht für sich entdeckten: den Schnupftabak. Auch er stand zunächst in dem Ruf, der Gesundheit dienlich zu sein. Bis auch seine Schädlichkeit erkannt wurde.

Aber das hat sich bis auf den heutigen Tag noch nicht herumgesprochen!

Vom Gebrauch des Schnupftabaks

Wenn der Kopf dumm und die Gedanken unordentlich sind, so wird es dienlich seyn, Folgendes denn und wenn als einen Schnupftobak zu gebrauchen: Nimm gepulverten Tobak, eine Unze, Haselwurz, zwo Drachmen, den besten Bibergeil, eine Drachme, weisse Nieswurz, eine halbe Drachme. Mische es unter einander und mache einen Schnupftobak daraus.

Neue woleingerichtete Frauenzimmerapotheke, Hamburg 1741

Wenn jemand nach Frauenzimmern freyete, bedungen sie sich dieses expresse, daß man den Toback müßte fahren lassen unter dem Vorwand, weil er eine beschwerliche Athemholung oder Stanck machete.

Haustus polychresti, Hamburg 1705

Körperpflege für hanseatische Frauenzimmer: Nachhilfe vom Henker

Es gab – und sei es auch noch so abstoßend – nichts in der Welt der Fauna, das sich die Frauen hansischer Kaufleute nicht zwecks Erhöhung ihrer Reize nutzbar gemacht hätten. Wir wissen nicht immer genau, was sie mit den Schönheitsmittelchen angestellt haben. Aber wir wissen dank überlieferter Apothekerordnungen, wieviel sie dafür bezahlt haben: einen Pfennig für das Loth Taubendreck. Das »Innerste vom Hühnermagen« war um die Hälfte teuer. Ebenso Fuchslunge. Das Angebot der Branche reichte von Hechtfett und Wolfsschmalz, Storchenfett, Krebsaugen, zugerichteten Regenwürmern und »Fettigkeit von ungewaschener Schaafswoll« bis hin zu Schwalbennestern, Schmalz von Igeln und Murmeltieren und »Beinlein aus dem Herzen eines Hirsches«.

In einem hanseatischen Kochbuch von 1834 wird unseren Damen eine hausgemachte Haarpomade empfohlen. Sollten Sie Lust darauf haben, hier das Rezept: Man vermischt ein Viertel Pfund Rindsfett, 4 Loth weißes Baumöl, 4 Loth Haselnußöl und ein Loth China – was immer das ergeben haben mag.

Die Hanse-Frauen waren bereit, ihrer Schönheit zuliebe sogar Kontakte unter ihrem Stand zu pflegen. Während sich ihr Angetrauter auf dem Comptoir oder auf Fernreisen redlich abmühte, reichlich Kohle ranzuschaffen, gab sie es beim Scharfrichter wieder aus.

Denn – so die Chronik – »er that seine Curen, damit er viel Geld verdiente«. Er verkaufte unserer Hanseatin nicht nur die wunderwirkenden Birkenruten, mit denen Verbrecher gezüchtigt worden waren. Auch das Moos auf den Köpfen längere Zeit am Galgen baumelnder Unholde wurde hoch bezahlt. Und als Zaubermedizin gegen Rheuma und für einen elastischen Körper galt Menschenfett, für das unsere Urgroßmutter tief in die Tasche griff. In der Hamburger Chronik von 1686 heißt es, »es unterließen die Büttelknechte nicht, in der Kuhlen (zur Seite des Galgens) Snittker seinen Leib aufzuschneiden und das Fett, so viel sie könnten, daraus zu nehmen«. Frauen, so berichtete ein Physikus 1777, seien besser als Männer: Sie brächten »etliche 40 Pfund«.

Caffee gegen alles

»Caffee ist Medicin gegen Hauptweh, Schwindel, Nervenziehen, Schwachheit der Gedächtniskraft, Magenschmerzen, Schwind- und Lungensucht, Wechselfieber, Scharbock, rote Ruhr, Milz- und Wassersucht, Gicht –
und läßt die unbeerbten Frauen
die Blüthen süßer Hoffnung schauen.«

Suesse Medicin

Zucker ys gudt dem Magen, Boost, den Darmen, Neren und Blasen.

Lübecker Kochbuch, 16. Jahrhundert

Eine veritable Chocolata

Als die Hanse in den letzten Zügen lag, trat die »Chocolata« ihren Siegeszug durch Europa an. Blancard war voll des Lobes:

»Die Chocolate ist ein Artzeney, die ich eine mit vor die beste halte, einen Menschen, wenn er etwa durch Krankheiten oder durch ungeschickte Artzneyen der promovierten Quacksalber und graduirten Idioten entkräftet ist, wiederum zu erquicken und zu rechte zu bringen.«

In der Zeitung »Holsteinischer unpartheiischer Correspondent« las man im Jahr 1725 die Annonce eines renommierten Hamburger Gastronomen:

»Bei Peter Heuß in Hamburg ist die veritable Amerikanische Chocolata zu haben, welche von einem Heydnischen Hohen-Priester alldorten präpariret und einem Europäer communiciret worden, diese übertrifft an Tugenden und Kräfften alle bis dahin gemachte Chocolata, wie solches ein jeder in der That und Wahrheit erfahren wird, ist gut denen Schwindsüchtigen, stärcket die ganze Natur, das Haupt und den Magen, bringet alten und entkräffteten Personen ihre Vigeur wieder, erwecket naturellement die Mannheit und erhält ein langes und gesundes Leben bis ins höchste Alter. Das eintzle Pfund 4 Mark, das doppelte 6 Mark mit des Autors Pettschaft versiegelt. Wie denn in der That ein Schälchen von dieser Chocolata dem menschlichen Körper besser tut als 100 Schälchen Thee oder Caffee Wasser.«

Vom Aberglauben der Hansen

Eigentlich waren die Hansen handfeste Leute, die lieber an gute Handelsgeschäfte als an Wunder zu glauben bereit waren. Aber Anspruch auf ein bißchen Aberglauben reklamierten sie für sich, und es gab reichlich Gelegenheiten, aus allerlei »befremdlichen Erscheinungen« Schlüsse zu ziehen.

Der Sozialhistoriker Ernst Finder läßt uns wissen, wie der Glaube an Werwölfe und Basilisken – Schlangenungeheuer, die allein schon durch ihren Blick töten konnten – noch bis in das 17. Jahrhundert hinein nachwirkte. Obwohl ihnen zwischen Alster und Elbe noch niemand leibhaftig begegnet war und man solche Fabelwesen nur vom Hörensagen kannte.

Da war es schon plausibler, sich bei der Deutung bevorstehenden Unheils von Himmelszeichen leiten zu lassen. Und daran herrschte kein Mangel. Chronisten berichten über das Erscheinen von Kometen und Feuerkugeln, von »Nebensonnen«, von herabfallenden Wurmschauern, von Blut- und Schwefelregen. Ein Historiker des 20. Jahrhundert formuliert mit großem Verständnis für die Seelennöte seiner Zunftvorgänger, man könne es den mittelalterlichen Berichten deutlich anmerken, daß die Angst um das eigene Heil und um das der bedroht erscheinenden Vaterstadt ihnen die Feder geführt habe. Zum Beispiel dem, der zu berichten wußte, am 1. September 1600 morgens um sieben Uhr »sähe man über der Stadt Hamburg feurige und blutige Gesichter an dem Himmel, so von jedermann mit Schrecken angeschauet«.

Ein anderer berichtet von einer im August 1654 eingetretenen »grausam großen Finsterniß, daß die liebe Sonne fast gantz schwartz schiene«. Drei Stunden habe das Spektakel gedauert. Und weiter habe er beobachtet: »Von dieser Finsterniß machten alle Astrologi viel Redenß, dadurch dem gemeinem Manne große Furcht eingejagt und waren der Meinung, die Welt würde dabei untergehen.« Wegen der Himmelserscheinung hatten die Kirchen einen unerwarteten Zulauf und – so wörtlich – »waren demnach des Sonntags eine große Menge Leute Communicanten«.

Wer wollte es der stets um ihre Schäfchen besorgten Geistlichkeit verdenken, daß sie solche unerklärbaren Himmelserscheinungen flugs in ein Mitglieder-Werbeprogramm ummünzte. Beispielsweise der von Peter Hesselius zitierte Gottesmann, der die Gemüter im April 1670 umsatzsteigernd erschütterte: »Es sahen in diesem Monat einige Leute bei Hamburg eine Morgens früh um vier Uhr am Firmament über der Alster gegen Aufgang der Sonnen ein Kreuz und Procession in solcher Gestalt, wie unser Erlöser Christus mit seinem Gefolge von Leuten zu seiner Kreuzigung gegangen, hieraus wurden nachgehends zwei große Kugeln und aus diesen zwei Kriegsheere, die gleichsam aufeinander losgingen.«

Solche Wahn- und Wunderzeichen waren ein willkommener Anlaß, die Menschen nach allen Regeln der christlichen Predigerkunst gehörig »abzukanzeln«, das heißt: von der Kanzel herunter zu einem der Kirche wohlgefälligen Lebenswandel zu ermahnen. Und da war es sicher hilfreich, daß die Menschen beim Erscheinen eines Kometen »Zittern und Schrecken überfiel, die Haar stunden einem zu Berge«.

Das war die gerechte Strafe für begangenes Unrecht, vor allem aber für das Nachlassen im Glauben und für unmoralische Lebensführung, und es wurde als Vorbote kommenden Unheils interpretiert. Hunger, Pest, Feu-

ersbrunst und Krieg waren die Schicksalsschläge, die die Menschen am meisten beunruhigten. Das war der Hebel, den die wackeren Kirchenleute ansetzten. Der wortgewaltige Pastor Schuppius erschreckte das gläubige Volk mit der Behauptung: »Es ist niemals ein Comet am Himmel gestanden, der nicht ein sonderliches Unglück bedeutet hat.«

Ein Wunder!

Ein hocherfahrener Mann, Johann Heinrich, ist hier angekommen, heilte die Armen auf öffentlichen Märkten um Gottes willen, die Reichen mußten ihm billige Zahlung abstatten. Hatte ein köstliches Augenwasser, mit dem er die Augen bestrich. Die Zahl derjenigen, so er in dieser Stadt Hamburg geholfen, war 475, darunter zwei Stockblinde.

Chronik 1694

* * *

Eine von einem wahren Adepto erfundene Panacee (Allheilmittel), welche sowohl in anscheinender Todesgefahr als auch bey Fleck- und hitzigen Fieber, Schlag, Fäulung, Blattern, Friesel, Krätze, Krebs, kalten Brand, schwere Noth, Gicht und Podagra universal ist, wie denn ein einziges Pulver ein ganzes Jahr den ganzen Körper gegen alle Zufälle schützet. Das Pulver kostet 2 Taler lüb. bey sel. Thomas von Wierings Erben.

Hamburger Correspondent, 1748

* * *

Herr Doktor Meliß, besee he de Piß,
sin veer Schilling sünd em gewiß
sünst nehm ick Doktor Hüttentüüt,
De ock den Lüden dat Water besüht.

17. Jahrhundert; Spottvers
auf die Quacksalber,
die aus der »Harnschau«
Diagnosen herauslasen

»Von den Hexen gedrückt …«

Diejenigen, welche diesen Zufall bekommen, sagen gemeiniglich, sie seyn von den Hexen gedrückt worden: weil sie nemlich der Einbildung nach eine Last fühlen, welche sie während des Schlafs auf den Magen drücket, und welches von diesem aus Unwissenheit einer gewissen übernatürlichen Ursache zugeschrieben wurde.

Er eräuget sich derselbe gemeiniglich nach gethanen starken Malzeiten, spätem Abendessen oder wenn man undienliche Speisen genossen hat. Derjenige, welcher diesen Zufall bekommt, wird im Schlaf durch fürchterliche Träume oder erschreckliche Bilder gewaltig beunruhiget. Er fenget an laut über sich selbst zu seufzen und zu winseln, nicht anderst, als wenn er gleich itzo sollte umgebracht werden. Der Athem ist bey demselben hurtig und kurz, und öfters rasselt er dabey in der Luftröhre. Man kann ihn nicht leicht erwecken, und wenn es endlich geschiehet, so klaget er, daß er ein starkes Drücken auf der Brust ausgestanden habe, welches er auch noch jetzt fühlet, wiewol in geringerem Grade.

Voodoo auf hanseatisch

Zu den magischen und teufelischen Liebesmitteln gebrauchen Zauberer und Zauberinnen teils allerhand Worte, Zeichen, Murmelungen, Wachsbilder, teils die abgeschnittenen Nägel, ein Stückchen von der Kleidung oder sonst etwas von der Person. Huren und dergleichen Gesindel bedienen sich des ... Speichel, Haar und dergleichen mehr.

Kurioser und vernünftiger Zauberarzt, 1726

Vom Leben in gotischen Backsteinhäusern

In den alten Hansestädten bildeten rechtwinklige Straßenzüge rund um den Marktplatz »die Stadt«. Hier blühte das hansische Leben. Die Stadt war zunächst noch auf landwirtschaftliche Bedürfnisse ausgerichtet, später entsprachen ihre Häuser zunehmend kaufmännischen und handwerklichen Erfordernissen.

Eine große Diele, die als Warenlager diente, war das besondere »Markenzeichen« der Kaufmannshäuser mit den abgestuften Giebeln. Die Diele war zugleich auch der Hauptwohnraum des Hauses, in dem sich der Herd als Kochstelle und Heizung, anfangs auch als Lichtquelle, befand. Erst später wurde die Küche vom Wohnraum getrennt. Zu beiden Seiten der zur Straße hin gelegenen Eingangstür gab es neben der Schreibstube eine Reihe von Wohnräumen, ebenso auf der Galerie, von der aus man die gesamte Diele überblicken konnte. Über der Diele befanden sich die Speicherräume.

Die hygienischen Verhältnisse waren alles andere als appetitlich. Berichte, die uns mittelalterliche Städte

als überaus dreckig, ihre Straßen von Unrat übersät und besonders im Sommer von unerträglichem Gestank erfüllt schildern, werden nicht übertrieben sein. Allein schon, daß sich viele Kaufmannsfamilien Schweine hielten, die tagsüber durch die Straßen liefen, den Unrat hübsch verteilten und selbst auch ihre Misthaufen hinterließen, machen solche Überlieferungen plausibel.

Im Hof der Kaufmanns- und Handwerkerhäuser lag gleich neben dem Brunnen die Abwasser- und Fäkaliengrube, die nur selten entleert wurde.

Die gesamte Familie schlief in einem Alkoven, einem großen Bett, das tagsüber hinter Schranktüren versteckt war und nur selten durchgelüftet wurde. Wer sich – wie es später in den Häusern wohlhabender Hanseaten üblich war – keinen von der Diele her beheizbaren Kachelofen leisten konnte, mußte sich mit einer Holzkohlenpfanne begnügen, um im Winter nicht Abend für Abend in ein allzu klammes Bett steigen zu müssen.

Wen seine Handelsgeschäfte zu Wohlstand gebracht hatten, der leistete sich den Luxus einer mit Ziegelornamenten ausgelegten und mit Ledertapeten ausgekleideten »guten Stube«. Sie hatte allein schon deshalb eine lange Lebensdauer, weil sie zumeist nur als Aufbewahrungsraum für die Schätze des Hauses, etwa Tafelgerät, Schmuck und kostbare Wäsche, benutzt wurde. Geöffnet wurde diese gute Stube nur an besonderen Festtagen oder zu Familienfeierlichkeiten. Auch wenn seine Frau dem Hansen Nachwuchs geschenkt hatte, wurde das »Staatszimmer« geöffnet, um ein kräftiges Freßgelage, einen »Frittup«, zu veranstalten, an dem sich auch die Wöchnerin nach allen Regeln der Freßkunst beteiligte. Irgendwie mußte ja die Zeit herumgebracht und man selbst für die nächste Schwangerschaft gestärkt werden. Und Essen war nun einmal die Lieblingsbeschäftigung der alten Hansen.

Eine wirksame Medicin – selbst zu produciren

Ohrenschmalz ist eine Unreinigkeit, die sich in der Schnecke des Ohres sammelt. Dieses Schmalz ist sonst eine Arzney vor mancherley Zufälle, z. E. wider die Colik, wenn man es in einem Trunk einnimmt, wider Scorpionen-Bisse, wenn man es aufschmieret. Vornehmlich rümt man es als ein bewährtes Mittel für die Augen-Zufälle, wenn man es sammelt, und entweder in ein wenig Muttermilch dilnirt, oder auch nur frisch mit dem kleinen Finger in die vier Augenwinkel reibt und den Kopf auf beide Seiten dreht. Wenn hierauf die Augen davon überzogen werden, brennt es wie Salz, und es läuft Wasser heraus. Auch ist es gut für Flechten und Blattern im Gesicht, als wenn man sie des Abends aufkratzt, ausdrückt und mit Schmalze bestreicht, aber des Morgens mit nüchternem Speichel wieder abwäscht.

Frauenzimmer-Lexicon, 1773

Zur hanseatischen Arterhaltung: Tropfen wider die Unfruchtbarkeit

Folgende Tropfen werden keine geringe Wirkung thun, wenn einige dieselben andern Formen von Arzneyen vorziehen solten. Nimm Geist von Scharlachkraut, Safran, Bibergeil, Tinctur von spanischen Fliegen, von jedem eine Drachme. Rüttele es untereinander. Hiervon nehme man dreymal des Tages ungefähr zehen Tropfen auf einmal, und dieses in einem Glaswein oder einem anderen dienlichen Getränke.

Wirksamer Schutz gegen Läuse

Um von diesen Ungezieffer befreyet zu bleiben, so gebrauchet man einen von Sämischen Leder gemachten Riemen, in welchen man etwas Quecksilber vernehet hat und traget ihn um den Leib, welches euch dann von der itzt-benennten Gesellschaft befreyen wird. Auch dienet dazu der Mos, der auf den Todten Beinen wächset, wenn man selbigen bey sich träget.

Die vermehrten Europäischen Reisen,
Hamburg 1713

Zu viel Fett macht müde

Ein gar zu viel Fett schläfert sowol ein, als es ungeschickt machet ... Man kann leicht in Heilung dieser Beschwerde gefährliche Fehler begehen. Man kann dazu Salz und Weihrauchessenz, auch die scharfen und sauren Getränke brauchen.

Hamburgisches Magazin, 1756

IV. Vom gesellschaftlichen Leben und seinen Tücken

Was willst du begehren mehr, denn die alte lübsche Ehr'!

Hamburg, Lübeck und Bremen haben von Anfang an eine Hauptrolle in der Hanse gespielt. Was nicht heißt, daß es von Zeit zu Zeit nicht auch Mißtrauen gegeneinander und Unmut übereinander gegeben hätte.

Einmal, so wird berichtet, seien zwei Bürger aus Lübeck und Bremen unter Einwirkung des guten Hamburger Biers kräftig aneinandergeraten: Ein gewisser Hinrik Bersing aus Bremen soll den Mund ziemlich voll genommen und seine Stadt über alle Maßen gelobt haben. Das brachte den Lübecker Tylo Bodendorp gegen ihn auf, dessen Zunge allerdings ein bißchen schwer und der deshalb zu einer geschliffenen Rede nicht fähig gewesen sein soll. Da ihm nichts Besseres einfiel, nannte er die Bremer Ratsherren hoffärtig, weil sie sich ihnen nicht zustehendes Gold und Pelzwerk an ihrer Kleidung anmaßten. Bersing behauptete dagegen, man habe das Recht dazu vom Kaiser erwirkt, und zwar lange bevor es überhaupt Lübecker Rathmannen gegeben habe. Die Argumente eskalierten – wohl unter der Einwirkung des Hamburger Biers – zu handfesten Beleidigungen.

Die beiden Streithähne bezichtigten sich gegenseitig der Lüge, und der Bremer verstieg sich schließlich zu der Behauptung, die bremische Freiheit sei größer denn die lübsche. Das brachte nun den Tylo aus Lübeck dermaßen in Rage, daß er antwortete: »Wie ist das zu vergleichen? Wir sind kaiserlich frei, ihr aber seid dem Erzbischof unterthan.«

Hinrik Bersing argumentierte so klug und kenntnisreich dagegen, daß seinem Kontrahenten nur die trotzige Bemerkung blieb, Lübeck sei Bremen allein schon deshalb überlegen, weil es das Haupt der Hanse und damit die beste Stadt im Reich sei. Hartnäckig kam er dann noch einmal auf die Sache mit den eitlen Bremer Ratsherren und dem leidigen Gold und Pelzwerk an ihrer Kleidung zurück. »Kannst du mir deiner Herren Recht dazu nicht beweisen«, so beschimpfte er den Bremer, »so bleibst du doch ein Lügner!«

Das brachte das Faß zum Überlaufen, denn einen Lügner ließ sich kein Hanseat ungestraft nennen. Morgen, so entschied der aufgebrachte Bremer, wolle man vor Gericht ziehen, und der Hamburger Rat solle in dem Streit entscheiden.

Am nächsten Tag, so überliefert die Chronik, »entsatzte sich der Hamburger Rat gar sehr und mochte nicht dran«.

Klar. Die beiden Kontrahenten waren ja Hamburgs Hanse-Verbündete. Zwar hatte es mit ihnen immer mal wieder Knies gegeben, mal weil Bremen seinen Mithansen die Bundeshilfe verweigert hatte, ein anderes Mal, weil Lübeck die Kaufleute in Hamburg wegen ihrer Alleingänge in aller Öffentlichkeit gerügt hatte. Aber im Grunde hatte man sich immer gut verstanden, Brüder in commercio gewissermaßen, und Hamburg war nicht bereit, wegen »der verbohrten Händel zweier Bürger über zweier Freunde Vorzüglichkeit öffentlich zu erkennen«. Zumal sie ja der Meinung waren, die beste Stadt im Reich sei doch die, »wo wir sitzen und über euch judiciren«.

Die Hamburger redeten den fremden Bürgern »liebreich zu«, sie möchten sich vertragen und den unnützen Hader vergessen. Aber der Bremer war, wie es die Leute von der Weser manchmal zu sein pflegen, starrsinnig und nicht zur Versöhnung bereit. In dieser Stadt Hamburg, so insistierte er, sei er beleidigt worden, und hier müsse ihm deshalb auch Recht gesprochen werden. Und sogleich mistete er nun auch die Hamburger an, wenn sie sich dem entzögen, seien sie Justizverweigerer und Feinde des Rechts.

Einen solchen Vorwurf aber wollte Hamburg nicht auf sich sitzen lassen und entschied, Bersing müsse innerhalb von drei Wochen den Beweis erbringen, daß die Herren zu Bremen bis in alle Ewigkeit kaiserlich privilegiert seien, Gold und Pelzwerk auf ihren Röcken zu tragen. Dann wollten sie ihr Urteil sprechen.

Drei Wochen später traf man sich wieder, und der Herr Bersing brachte eine mit dem Bremer Stadtsiegel beglaubigte Abschrift des kaiserlichen Privilegiums mit.

Den Hamburgern gefiel das gar nicht, und das Protokoll vermerkt: »Sie besprachen sich lange heimlich, während die zwei Gegner abtreten mußten. Es war eine kitzliche Sache. Dem Tylo gönnten sie wohl die Buße für sein Schmähen, aber damit hätten sie zugleich die größere Hoheit Bremens anerkannt, was doch nimmermehr der Wahrheit entsprach!«

Noch eine andere Erwägung brachte die Hamburger in Bedrängnis. Sie sagten sich: Wenn der Bremer unrecht bekäme, so hetze er seinen Bürgermeister, dieser den Rat, der Rat den Erzbischof, der Erzbischof aber stachle das hiesige Domkapitel wider Hamburg feindselig auf, was aber der Liebe Gott verhindern möge. Am meisten aber bedrückte die Elbhansen dies: »Wenn Lübeck, so in Hansasachen das Heft in Händen haltend, nachgesetzet werde, so würde unser Commercium dies gar empfindlich vermerken.« Ein Verlust in Handelsgeschäften aber war das schlimmste, was man sich zwischen Alster und Elbe vorstellen konnte.

So bemühte sich Hamburg um »gütliche Beilegung

ohne Sentenz«. Sie schickten einen gewissen Johann Franzoiser, der für seine Gewandtheit und seine Lustigkeit bekannt war, zu den beiden Widersachern. Der stellte die Sache so geschickt an und »zupfte so ergötzlich den verwirrten Streit auseinander«, daß der Herr Bodendorp seine Schmähung widerrief und ernsthaft erklärte, er wisse über den Bremer Rat überhaupt nur Gutes zu sagen. Worauf der Herr Bersing erklärte, er habe vom Rat der Stadt Lübeck nur Liebes und Gutes vernommen.

Der Streit wurde mit dem Ritual beigelegt, auf das sich die Hanseaten von jeher bestens verstanden: bei einem üppigen Festmahl. Vorher jedoch nahmen sie noch einen Schluck auf dem Altan, wie man die zum Fleet hin gerichtete Laube nannte, und da überkam die beiden Gäste ein Gefühl der Ehrfurcht, das Beneke so beschreibt: »Und sie blickten rechts das Fleth hinunter, wo der große Binnenhafen ist mit den tausend Masten und Segeln aus allen Landen und Meeren. Und Hinrik Bersing, wie er so ganz vergnügt auf der Laube sitzt und beschaulich das Fleth und den Hafen anblickt, muß an die Beschreibung der Stadt Venetia denken, so man die Meereskönigin heißet, und es wird ihm ganz respectvoll zu Muth. Auch Tylo Bodendorp seufzet leis' und denkt: So gut haben wir's an der Trave nicht, und spricht dann: ›Wie ist's Hinrik, habt ihr in Bremen denn auch solche Hoheit wie diese?‹ Worauf Bersing ganz kleinlaut antwortet: ›Nein, Tylo, solcher Hoheit müssen wir Bremer entbehren!‹«

Nach dem Festmahl, so läßt uns der Chronist wissen, gingen die beiden Prozeßgegner ganz friedlich auseinander, und er erinnerte den Herrn Bersing an den alten Spruch seines Stadttors: »Bremen, wes' bedächtig / Lat nich mehr in denn du bist mächtig.«

Und den guten Tylo tröstete er wegen der bremischen Herren Gold und Pelzwerk mit dem Denkvers:

»Was willst du begehren mehr, denn die alte lübsche Ehr'!«

Die Schlußfolgerung des Chronisten werden die Hansen gern zur Kenntnis nehmen:

»Schließlich aber ist zu merken, daß jedwede der drei Städte gut ist, und für ihren Bürger allemal die beste.«

* * *

»Welch bürgerlich-stolze Rathäuser stehen an den Marktplätzen in Lübeck, Stralsund, Danzig und Thorn, in Bremen, Münster und Köln. Vor allem aber welche großartigen Zeugnisse eines kühnen Willens sind die mächtigen Kirchenbauten in den Ostseestädten, im Anspruch und in Ausmaßen von Kathedralen – in Lübeck übertrifft sogar die Kirche des Rates und der Bürgerschaft, die Marienkirche, den Bischofsdom.«

Karl Pagel, in »Die Hanse«

Tisch-Unterweisung für Hanse-Leute

Schmatz nicht wie eine Sau über dem Essen,
dieweil du issest, kratz dein Häupt nicht,
fege auch nicht die Butzen aus der Nasen,
wirff auch die Beine (Knochen) nicht unter den Tisch,
damit von den Hunden ein Scharmützel entstehe
und die Beisitzenden einen Verlust haben.

Christoph Achatius Hager, 1616

Ein Ehrenamt für den Honoratioren-Nachwuchs

Eine der merkwürdigsten Prozessionen, die sich in der an Festumzügen nicht gerade armen Hansezeit unter großer Anteilnahme des Volkes durch die Stadt Hamburg bewegte, war ein pompöser Umzug, an dessen Spitze ein als Bischof verkleideter Schüler ritt. Der »Kinderbischof« wurde von seinen ebenfalls priesterlich gewandeten Mitschülern in den Dom geführt, wo er seinen Ehrenplatz vor dem Altar einnahm. Seine Pflicht war es, in der ranghöchsten Kirche der Stadt einen »bischöflichen Sermon« zu halten. Wenn er wollte, in deutscher Sprache. Aber die meisten bevorzugten – zum Beweise ihrer Bildung – Latein, was den Vorteil hatte, daß die meisten Zuhörer nichts verstanden.

1305 hatten das Domkapitel und der wohlweise Rat der Stadt eine Vereinbarung über das Wahlverfahren des »Kinderbischofs« unterzeichnet. Danach sollte jeweils einer der Klassenbesten aus der ohnehin nur von wenigen Privilegierten besuchten Schule für drei Wochen in das Amt gewählt werden und in dieser Zeit die höchsten Ehren genießen. Die »scholares canonici«, wie man die Klassenbesten nannte, hatten Anspruch darauf, höchst ehrfürchtig behandelt zu werden. Man durfte sie nicht durch Spottlieder und Schmähgedichte kränken. Allein das ausdrückliche Verbot ist ein Hinweis darauf, daß solcher Spott im Mittelalter ein allseits beliebtes Gesellschaftsspiel war.

Das Amt des »Kinderbischofs« war eine derart begehrte Ehre, daß unter den sonst so besonnenen Honoratiorenfamilien der Elb-Hansestadt regelrechte Familienfehden ausgebrochen sein sollen, die denen der Signorien im mittelalterlichen Italien nicht nachgestanden haben. Auch wenn Dolchstöße in den Rücken in Hamburg eher zu den Seltenheiten gehörten.

Welchen Sinn der Brauch hatte, darüber lassen uns die Historiker im unklaren. Vielleicht wollte man hier heute schon einmal die Elite bestaunen, die morgen im Rat oder in der Kaufmannsriege das Sagen haben würde. Vielleicht ging es auch nur darum, dem vegnügungssüchtigen Volk ein Spektakel zu bieten, denn der Umzug des »Kinderbischofs« war jedesmal ein aufregendes Ereignis. Der jugendliche Amtsinhaber saß in einem golddurchwirkten Ornat hoch zu Pferd, und sein Gefolge war nicht weniger prunkvoll ausgestattet. Der »Kinderbischof«, der vom Nikolaustag bis zum 28. Dezember in Amt und Würden blieb, hatte – wenn er innerhalb dieser drei Wochen »seligen Todes verfuhr« – Anspruch darauf, wie ein »richtiger« Bischof

beigesetzt zu werden. Dieser Fall aber ist niemals eingetreten.

Wie viele Feste in den Hansestädten, so artete auch dieses nach und nach zu einem allzu lauten und ausgelassenen Klamauk aus. Der Stadtarchivar Beneke charakterisierte das ausgelassene Gefolge des »Kinderbischofs«: »Dann aber schwärmte und lärmte lustig hinterdrein die ganze Schar der jungen Schüler … in vielfachster Verkleidung, als Apostel und Heilige mit deren Attributen, als Engel, Priester, Mönche, Könige, Kurfürsten, Ritter, Ratsherren, Bürger, Schneider und Schuster, als Bauern, Kriegsleute, auch als Narren, Heiden und schwarze Mohren, ja sogar als Teufelchen.«

Mit der Einführung der Reformation im 16. Jahrhundert geriet der Brauch, wie so vieles, was Spaß gemacht hatte, in Vergessenheit.

Mit Bitten herrscht die Frau ...

Wenn in der Lotterie dieser Welt ein geiziger Mann einer Frauen zu Theil wird, so gestehe ich, daß sie nicht große Ursach hat, sich glücklich zu schätzen. Allein ob es gleich wenig Leidenschaften giebt, womit so schlecht auszukommen ist, als mit dem Geize, so ist dieses doch ein Übel, dessen Bitterkeit eine kluge Frau sich versüßen kann ... Sie muß immer auf die günstigen Augenblicke aufmerksam seyn, etwas von ihm zu fordern.

Nützliche Betrachtungen über wichtige Stücke der Sittenlehre, Hamburg 1757

* * *

Es ist eine bekannte Erfahrung, daß die gelehrtesten Männer die dümmsten Kinder hervorbringen; die Ursach ist natürlich, weil sie die besten Lebensgeister im Kopfe verbrauchen. Nun geben Sie einem Manne von der Art noch ein gelehrtes Weib zur Gehülfin, ums Himmelswillen, welche Mißgeburten werden entstehen.

Briefe zwischen zwey Frauenzimmern, Hamburg 1782

Geheimnisvolles Glockengeläut für ein armes Bleichermädchen

Auch wenn hanseatische Leidenschaft einem Chronisten zufolge nicht lodert, sondern nur langweilig vor sich hin blökert, so hat uns doch hanseatische Geschichtsschreibung manch eine Legende überliefert, die von rührender Anhänglichkeit zeugt, die allemal belohnt wird.

In der schönen Hansestadt Wismar hat es einst ein junges, hübsches und irdischen Freuden nicht abgeneigtes Bleichermädchen gegeben, auf das der Sohn eines reichen Kaufmanns, eine Standesperson also, völlig unstandesgemäß sein Auge geworfen hatte. Und nicht nur das. Denn, so ist zu lesen, obwohl die junge Dame »wohlunterrichtet darüber war, daß Arm nicht zu Reich« gehöre, sei sie schließlich doch den »schmeichlerischen Reden« des jungen Mannes erlegen. Als er lange genug »gebaggert« hatte, wie es in der Sprache unserer Zeit heißt, und als er außer baggern auch sonst noch einiges angestellt hatte, geschah das Unvermeidliche: Die junge Dame, die sich dem Herrn »in Liebe ergeben« hatte, blickte Mutterfreuden entgegen.

Wie das aber bei Männern von Zeit zu Zeit zu gehen pflegt: Kaum hatte der edle Kaufmannssohn sein Ziel erreicht und seinen Beitrag zur hanseatischen Arterhaltung geleistet, da verlor er das Interesse am Objekt seiner Freuden. Was ihm auch dadurch erleichtert wurde, daß sein Vater für ihn inzwischen die Tochter eines Ratsherrn ausgewählt hatte, die gegenüber dem Bleichermädchen über den Vorteil einer ansehnlichen Mitgift verfügte.

Allerdings war das für den Kaufmannssohn nicht ungefährlich, denn wenn die Sache mit dem schwangeren

Bleichermädchen erst die Runde in der Stadt machte, stand zu befürchten, daß seine Verlobung platzen könnte und ihm damit das schöne Geld, das an der Dame hing, durch die Lappen gehen würde. So beschloß der wackere Kaufmannssohn, die Affäre auf schändliche Weise zu beenden: Er lockte das Mädchen unter allerlei Vorwänden an ein tiefes Gewässer, wartete einen günstigen Augenblick ab und stieß das arglose Bleichermädchen hinein. Er wartete noch so lange, bis nichts mehr zu sehen war, und eilte dann, froh darüber, daß er das Problem so elegant aus der Welt geschafft hatte, leichtfüßig von dannen.

Aber er hatte seine Rechnung ohne des Schicksals Mächte gemacht. Als man nämlich das Mädchen – in der Annahme, es habe sich aus Angst vor der Schande selbst entleibt – ohne würdige christliche Feier an der Mauer verscharren wollte und den Leichnam auf einem Karren durch die Stadt zum Friedhof schob, begann plötzlich feierliche Orgelmusik zu erklingen, und die Glocken von St. Nikolai schickten ihr dröhnendes Geläut übers Land, ohne daß es dafür eine Erklärung gegeben hätte. Es war eine feierliche Stimmung, als habe ein Hochwohlgeborener das Zeitliche gesegnet.

Das brachte die Wismaraner auf die Beine: Sie stürzten aus ihren Häusern, entblößten die Häupter und bildeten einen Leichenzug, den man der Verblichenen ursprünglich verweigert hatte. Den Kaufmann aber stellte man zur Rede, und der mußte gestehen, daß er die schändliche Tat eines Mordes auf dem Gewissen hatte. Was ihn den Kopf kostete und dem Schwiegervater in spe einstweilen die Mitgift ersparte.

Da sich das Wunder an einem Dienstag ereignet hatte, begann man in Wismar fortan an jedem Dienstagabend die Nikolaiglocken zu läuten.

Fremden erklärte man noch viele Jahre lang, dies geschehe zu Ehren des armen Bleichermädchens, das alle in ihr Herz geschlossen hatten.

Mittel wider die Verarmung

Ein Sittenbuch für den Bürger über alle seine häuslichen und bürgerlichen Verhältnisse.

Ein Verbot, daß nach zehn Uhr niemand im Wirtshaus sein dürfe.

Ausrottung aller Gelegenheit zur Unzucht.

Einschränkung des Kegel- und Kartenspiels auf bestimmten Einsatz.

Verbot, mehr als zwei Tanzböden auf einmal zu eröffnen.

Abschaffung des Blauen Montags und anderer Müßiggangs-Tage.

Eine Policey-Ordnung für das Betragen der Handwerksburschen.

Aus den Verhandlungen und Schriften der Hamburgischen Gesellschaft zur Beförderung der Künste und nützlichen Gewerbe, 1792

* * *

Dienstherren machen sich schuldig, wenn sie ihrem Gesinde ohnvermerckt von Kranckheit wegen geschlachtete Viehe, finnichten Schweinen, oder unreinen räudigen Schaff-Fleisch, todten Fischen und dergleichen zu essen geben.

Betrugs-Lexicon, 1761

Leichträger betrügen, wenn sie falsch tragen und einem anderen die Last auf den Hals schieben, oder aber in der Mitten unter dem Sarg, ohne die Todten-Bahre fest mit den Achseln anzurühren, hingehen.

Betrugs-Lexicon, 1761

Von Rats- und »Grün«-Musikanten

Die Hansen verfügten über mancherlei Talente. Sogar für Musik hatten sie eine Ader und gaben dafür Geld aus, was bei scharf kalkulierenden Krämerseelen einiges sagen will! Alte Kämmereirechnungen geben sogar Auskunft darüber, daß man durchreisenden Künstlern gern großzügige Geschenke zusteckte.

Der 1376 zur Hochzeit eines Ritters zu Hummelsbüttel aufspielende Pfeifer namens Johannes ging mit einem guten Trinkgeld nach Hause. Nicht schlechter wurden die durchreisenden Stadtpfeifer anderer Hansestädte abgefunden, insbesondere die aus Stade und Lüneburg. 1386 beschenkte Hamburg die Hofmusiker der Herzöge von Braunschweig und Lüneburg. Sogar die Bremer Stadtmusikanten (die es tatsächlich als mittelalterliche Popgruppe gab) gingen nicht leer aus.

Viele der wohlhabenden Hansestädte hielten sich auch eigene Ratsmusikanten. Der Hamburger Rat hatte bis um die Mitte des 16. Jahrhunderts eine Riege eigener Musiker, die hohe Ansprüche erfüllen mußten: Zum Beispiel sollten sie die zwischen Alster und Elbe beliebte Viola spielen. In guten Zeiten waren bis zu 25 Musiker ratsamtlich besoldet. Wenn einer die Stadt verlassen wollte, bekam er sogar eine kleine Abfindung nebst freundlichen Worten in einem offiziellen Zeugnis. Der Rat ließ dann wissen, daß der Mann den Ratsherren »eine tydlangk mit erem gespeele der Gigen gedenet« hatte.

In den wohlhabenden Städten gab es eine genau festgelegte Hierarchie der Musikanten. Ganz oben standen als Elite die Ratsmusikanten mit weitgehenden Privilegien, ihnen folgten die Lehrlinge und Gehilfen, und das Schlußlicht bildeten die sogenannten »Rollenmusikanten«. Die merkwürdige Bezeichnung hatten sie nach der Gesetzesrolle, in der ihre allerdings nicht allzu üppigen Befugnisse genau festgelegt waren. Und noch hinter den Schlußlichtern kamen die »Grün-Musikanten«, die nicht in Zünften organisiert waren und nur auf Festen außerhalb der Stadt, »im Grünen« nämlich, aufspielen durften. Das beste Geschäft war für sie der Tag des Heiligen Pantáleon am 28. Juli. Dann nämlich haute das

Volk so richtig auf den Putz und ließ sich den Spaß einiges kosten. Wenn die Leute mit leeren Taschen und gut abgefüllt nach Hause zogen, hatten sie ihr Geld »verpanteljohnt«. Dafür lohnte es sich, ein ganzes Jahr zu sparen. Der nächste 28. Juli kam bestimmt!

* * *

»... weil die Praesentation des Schauspielstückes ... seines gantzen Inhalts halber nicht anders als sehr schädliche Würkungen hervorbringen könne.«

Verbot des Hochedlen Raths der Stadt Stralsund vom 11. April 1794, Schillers »Räuber« auf der Stralsunder Bühne zu spielen, die übrigens älter war als die Theater von Wismar und Rostock. Erst im Dezember 1799 durften »Die Räuber« aufgeführt werden.

Eine Assemblee, wo man nebenher mit Musik aufwartet ...

»Vorzüglich unverzeihlich fand man es, daß Trompeten und Pauken fehlten, an die sich das hiesige Publikum sehr gewöhnt hat, vermutlich deswegen, damit man während der Exekutierung einer schönen Sinfonie die laute Unterhaltung weniger hört; denn man scheint auch hier Concerte wie ein Assemblee zu betrachten, wo man nebenher auch mit Musik aufwartet ... Die Hautboisten, auch noch mehrere Musici waren zu haben, und doch hatte man nur einen zum Horn engagiert, und von einem Dilettanten ließ man die Flöte nothzüchtigen. Eine andere Eigenart war die Beschäftigung aller schönen Hände mit dem Strickzeuge.«

Anonymus anno 1802, zitiert nach
Walter Kempowski: »Mein Rostock«

Vom Heldentum der Bierbrauer

Um das Jahr 1300 wurden die Mägde der in Hamburg hohes Ansehen genießenden Brauerknechte zu einer höchst merkwürdigen »Ehrenpflicht« verdonnert: Sie sollten den Brauern, die sich als Helden erwiesen hatten, die Köpfe waschen. In der Chronik ist nachzulesen: »Welche denn auch zwar nicht sonder züchtig erröthen, doch mit hochherzigem Gefühle den kühnen Rettern der Vaterstadt einen Liebesdienst zu bereiten, sich dazu gern bereitfinden ließen. Und danach war das um die Stirn gewundene Verbandtüchlein ihre Ehrenkrone und ihr Lorbeerkranz.«

Gekommen war es zu diesem Dienst, nachdem eine Bauernhorde aus dem Holsteinischen in die Stadt eingedrungen und bis zum Stadtgraben vorgerückt war. Da der Rat mit annähernd allen wehrpflichtigen Männern der Stadt auf einer Heerfahrt unterwegs gewesen sein soll, war niemand in der Stadt, der Hamburg gegen die mit wüstem Gebrüll, blutdürstig und raubhungrig heranstürmenden Horde hätte verteidigen können. Außer den Brauerknechten, von denen es im Mittelalter reichlich gab. Eilig sammelten sie ihre Lungerhölzer zusammen – Stangen, mit denen sie die Bierfässer zu schleppen pflegten – und warfen sich den Eindringlingen entgegen. Ihr Schlachtruf lautete »Buur stah!«, was frei übersetzt soviel heißt wie »Verdammtes Bauernpack, bis hierher und nicht weiter. Bauer bleib stehen!«

Die meisten blieben nicht stehen. Die einen nicht, weil sie mit den Lungerhölzern eins über den Bauernschädel bekamen und umfielen. Die anderen nicht, weil sie beschlossen, dahin zurückzustürmen, wo sie hergekommen waren.

Nun war es keineswegs so, daß die Brauerknechte ganz ungeschoren davongekommen wären. Fast alle, so läßt uns ein Bericht wissen, seien mit einem blutigen Kopf zu ihren Herren und Wirten zurückgekehrt. Und weil man den angeschlagenen Helden etwas Aufmunterung gönnen wollte, kam es zu dem Auftrag an die Mägde, den mutigen Männern das Blut vom Kopf abzuwaschen. Und bei diesem Brauch blieb es, als die Hanse schon lange ihr Leben ausgehaucht hatte.

»Und die Brauherren machten die Satzung«, liest man in der bereits zitierten Chronik, »daß zum Gedächtnis dieser Begebenheit aller Brauermägde in der Zukunft verpflichtet sein sollten, den Brauerknechten jedesmal nach beschafftem Tagewerk oder wenn abgebrauet, den Kopf zu waschen und vorhero die Lauge dazu zu bereiten.«

Während anderen Helden ein dauerhaftes Denkmal gesetzt wurde, mochten sich die Hamburger dazu nicht aufraffen.

Oder doch?

Jedenfalls heißt eine hübsche Straße in Rathausnähe »Burstah«. Und dieser Name gehe – so glaubt der Volksmund zu wissen – auf das Feldgeschrei der Brauer zurück.

Natürlich ist das nur eine Legende; denn die Gegend am »Großen Burstah« hat zwar historisch vielleicht mit

Bauern zu tun, im übrigen aber steht die Silbe »stah« für Gestade.

Aber eine hübsche Geschichte mit etwas Heldentum garniert – das ist allemal der Stoff, aus dem Legenden gestrickt werden.

»Esel up'n Plummboom«

Die Brauerknechte, die sogenannten Vincentbrüder, verkörperten im Mittelalter eines des wichtigsten Gewerbe. Ihr alljährliches Amüsement, ihre »Höge« war eines der spektakulärsten Feste in Hamburg. Es galt als Dienstpflicht, sich auf der Höge kräftig zu »högen«, das heißt, sich nach allen Regeln der Kunst zu belustigen. Damit das Lachen kein Ende nahm oder gar Müdigkeit aufkam – was angesichts des reichlichen Biergenusses vorkommen konnte –, wurden Ehrenämter verteilt, deren Träger für Fröhlichkeit zu sorgen hatten.

Ein wichtiges Amt war das des »Bartscherers«. Er hatte alle Knechte der Reihe nach zu barbieren. Nicht mit Rasierschaum, sondern standesgemäß mit Bierschaum. Und er hantierte nicht etwa mit einem Rasiermesser, sondern mit einem gemeinen Brot- oder Fleischmesser, was die Sache schmerzhaft machte und damit den Spaß der Zuschauer erhöhte. Wer rasiert wurde und es sich gefallen lassen mußte, »unter tausend Possen zur Ergoetzung der Uebrigen gemißhandelt zu werden«, hatte obendrein zwei Pfennige in die Saufkasse zu zahlen. Das schmerzte noch mehr als die Rasur und wurde eigentlich nur dadurch erträglicher, daß der Betroffene selbst kräftig mittrinken durfte.

Auch kein reines Vergnügen war es, dem »Doctor der

Medicin« in die Hände zu fallen, mit dem man die allenthalben ihre vorgebliche Kunst ausübenden Quacksalber veralberte. »In pomphafter Kleidung mit einer verdächtigen Spritze einherstolzierend« heißt es in einer Chronik, »und bombastische Redensarten um sich werfend unterhielt er die Gesellschaft durch seinen spaßhaften Sermon nicht minder als durch seine Wundercuren.«

Dabei ging es – wie bei den mittelalterlichen Medizinmännern im wirklichen Leben – ziemlich ruppig zu. Die armen Opfer wurden aufgefordert, sich die Zähne ziehen und ihre Warzen wegschneiden zu lassen, oder man ließ sie zur Ader, was noch die geringste Tortur war. Wer solche Behandlung erfolgreich abwehrte, der mußte sich ersatzweise einer »inneren Behandlung« unterziehen: Der »Doctor« tröpfelte ihm bittere Essenzen in den Mund, und von Glück sagen konnte, wem nur Waltran mit Zucker verabreicht wurde. Auch ein Compositum mixtum aus Heringslake und anderen übelriechenden Flüssigkeiten gehörte zur Therapie. Pillen aus Senf und Pfeffer galten unter diesem Umständen als einigermaßen milde Medizin.

So eine Brauerknechts-Höge dauerte bis zu sieben Tage und Nächte. Da war es kein Wunder, daß manch einer der Gesellen sich in Morpheus' Arme legte, um sich den groben Späßen durch ein zünftiges Nickerchen zu entziehen. Der wurde dann ein Opfer des »Schlummervogts«, der nur die eine Aufgabe hatte, müde Kameraden gebührend wachzurütteln und ihnen die »Unlust« gehörig auszutreiben. Als Pfand, den das Opfer nach dem bitteren Erwachen gegen zwei Pfennig Strafe einlösen mußte, nahm man ihm die Mütze ab.

Eine Brauerknechts-Höge durchzustehen, erforderte einige Kondition. Wer das Pech hatte, schlappzumachen und nach durchzechter Nacht den Wiederbeginn des Festes zu verpassen, der wurde verdonnert, »Esel up'n Plummboom« zu spielen: Er wurde zum Vergnügen der Stadtbewohner auf einem Windenbaum reitend durch die Straßen getragen, wobei ihn die Zunftgenossen lautstark die Trommel schlagend begleiteten. Denn richtig schön wurde eine Höge erst durch den Lärm.

»Soelke doerheit wird gehalet
All uth Franckryck: darvör iß
Mannich skillinck, ia gewiß
Mange tunne gold betahlet,
Vor vernufft und Wyßheit goet
Gifft men kuem ein stücke brodt.«

(Solche Torheit holt man aus Frankreich
und bezahlt dafür manchen Schilling,
ja manche Tonne Gold.
Für die Güter der Vernunft und Weisheit
gibt man kaum ein Stücken Brot.)

Johann Lauremberg (17. Jahrhundert),
Poesie-Professor an der Rostocker Universität,
über die Modetorheiten seiner Zeitgenossen.

Ein königliches Spiel für königliche Kaufleute: Kleine Handlungsanweisung für Handelsmänner

Aus dem fernen Osten haben die Hanse-Leute ein überaus anspruchsvolles Spiel in unsere Region gebracht, das sie »Schach« nannten.

Die Intelligenteren unter den Hanseaten haben sich dem edlen Zeitvertreib, in der königliche Kaufleute und königliches Spiel zueinander fanden, mit wahrer Leidenschaft hingegeben. Der Grund liegt auf der Hand: Das Spiel lehrte die Kaufleute, Strategien zu entwickeln, die sich auf ihre Handelsgeschäfte übertragen ließen. Es war ein höchst nützliches Spiel für diejenigen, die seine Regeln im Alltag des Kaufmannslebens umzusetzen verstanden.

Der Historiker Uwe Ziegler hat diesen Zusammenhang in einem fiktiven Brief dargestellt, den er einen fiktiven Lübecker Kaufmann an seine Nachfolger schreiben ließ:

»Da konnte und kann ich Züge denken und verwerfen, kann planen und reagieren, kann angreifen und parieren, kann Fallen stellen – und selbst hineinstürzen. Ich meine jedenfalls, daß jeder angehende Kaufmann dieses Spiel lernen sollte. Und zwar gründlich. So wie auch die Landesherren, die Fürsten und Grafen es tun sollten: erst einmal lernen nachzudenken, bevor gehandelt wird. Nicht sofort die gegnerischen Figuren schlagen. Es ist doch viel aufregender, um sie herumzugehen, sie in ein Netz einzuspinnen, das sie mehr und mehr fesselt. Wir Lübecker haben diese Eigenschaften, die für dieses Spiel so wichtig sind, bislang immer gut nutzen können: ruhig abwägen, auch einmal zurückweichen, zugreifen wenn möglich. Möglichst keine Gewalt.«

* * *

»Nemand holt sick na dem Stande,
dar en Gott hefft tho gebracht.
Slichtes volck ein levend föhrt,
alß dem Adelstand geböhrt.«

Johann Lauremberg (17. Jahrhundert)
über die Prunksucht der Rostocker,
durch die er die Standesunterschiede
aufgehoben sah.

V. Von Frauenzimmern und Mannsbildern

Die Jagd nach dem Fabelwesen: Von der Wahl des Ehegatten

1781 gab die in Hamburg verlegte Kleine Frauenzimmer-Bibliothek ihren Leserinnen einige nützliche Anregungen, worauf bei der Wahl des Ehegatten zu achten sei:

»Der Gatte sei gerecht in seinen Handlungen,
in seinen Worten getreu,
und halt' unverbrüchlich die heilige Wahrheit;
ungezwungen und fein sein äußeres Betragen,
kein Schmeichler und klein Sclave des Gewinnstes;
weise ohne Stolz und ohne Verwegenheit tapfer.
Es sey eher ein Sparer denn ein Verschwender
und finde seine Wonn im Mitleiden
und in dem Glücke des Nächsten.
Er vergnüge durch seine Kenntnisse
und gefalle durch seinen Verstand.
Er sey witzig sonder Bitterkeit
und bezaubre durch seine Reizungen.
Lassen Sie ihn immer aufgeräumt und
liebestrunken seyn,
denn ohne Liebe ist der Weiseste unempfindlich.«

»Denn Gold macht Höcker schlank!«

Wie eine hanseatische Mitgift beschaffen war – darüber schrieb der wohlbekannte Pastor Hübbe:

»Kurz vor der Hochzeit wurde auf einem Blokwagen, mit wohlgeschirrten Pferden und einem geputzten Kutscher versehen, in neuen großen Körben mit bunten Dekken die Aussteuer der Braut nach dem künftigen

Wohnhaus derselben ganz langsam gefahren. Vor dem Wagen her gingen zwei neu gekleidete Dienstmädchen mit saubern Körben oder länglichen platten Kasten (Bakschen), bedekt mit seidenen Tüchern, unter dem Arme. Hinter dem Wagen gingen zwei Hausknechte oder Arbeitsleute in ihren Sonntagsjakken mit silbernen Knöpfen, feinen weissen, gefalteten Schürzen, jeder zwei Stühle von der Aussteuer zur Schau tragend. Bei der Ablieferung und Empfangnehmung des Brudtügs gabs denn natürlich eine Bewirthung.«

So eine Vermählung war eine teure Angelegenheit. Nicht nur, wenn man das dabei im Auge hatte, was Betriebswirte später einmal »Folgekosten« nennen sollten. Auch das Fest selbst bat unseren hanseatischen Urgroßvater ganz schön zur Kasse. Da waren zunächst die Geschenke, die sich nicht nur die Brautleute einander überreichten, sondern die auch mit den lieben Verwandten ausgetauscht wurden. Auch hier mußte der wohlweise Rat bald eingreifen, denn die Herren hatten schnell ausgerechnet, daß es sie selbst angesichts der stattlichen Kinderschar auch irgendwann einmal treffen würde. Da gebot es die kaufmännische Weitsicht, einen Riegel vorzuschieben. Schließlich wollte man sich selbst nicht überfordern.

Um das 14. Jahrhundert hatte der Rat die Sache so weit im Griff, daß der Bräutigam der Braut allenfalls ein Paar rote Schuhe schenken durfte.

Als Gegenleistung waren ein oder zwei Leinenhemden, ein Gürtel oder ein lederner Beutel erlaubt. Aber das war es denn auch, offiziell jedenfalls. Was die Dame seines Herzens dem Hanseaten sonst noch aus dem Kreuz leierte, das entzog sich den strengen Blicken der Obrigkeit.

Unsere hanseatische Urgroßmutter hat es seit dem

Mittelalter glänzend verstanden, sich die angenehmen Seiten des sonst so verachteten höfischen Lebens zunutze zu machen und die Sitte der »Morgengabe« eingeführt: Am Morgen nach der Hochzeitsnacht hatte ihr der Bräutigam ein wertvolles Geschenk – etwa eine silberne Kanne, eine Schale oder eine Vase aus Porzellan – zu überreichen. Dieses Geschenk betrachtete sie als eine Art »Minnedank« für hochzeitsnächtliche Dienstleistungen, gleichgültig, ob die ihr Geld wert waren oder nicht. (Von dem eigenen Spaß an der Sache war ohnehin nicht die Rede!)

Im übrigen gab es anläßlich der Vermählung hinreichend Gelegenheit, seinen Wohlstand zur Schau zu stellen. Zu den ihr vom Bräutigam vermachten roten Schuhen trug die Braut ein grünes Kleid mit einem roten Mantel darüber. Beide Farben signalisierten Lebensfreude und hatten noch nichts von den verlogenen symbolischen Unschuldsbeteuerungen der erst viel später üblichen weißen Brautkleidung. Was nicht heißt, daß nicht auch ohne diese Symbole ein gewisses Maß an Täuschung und Selbsttäuschung bei der Wahl des Ehegatten an der Tagesordnung gewesen wäre.

Da sich die Sache – so oder so – lohnen mußte, versuchte man, für alles einen angemessenen Ausgleich zu finden. Manch eine unerfreuliche und ungleiche Partie wurde durch ein Gegengewicht aus Edelmetall wieder ins rechte Lot gebracht. Wie unsere hanseatische Urgroßmutter dadurch in einen Konflikt zwischen dem Herzen und dem Verstand geraten konnte, schildert ein in Hamburgs Nachbarstadt Altona lebender Reimeschmied sehr eindringlich:

»Sie trieb mit einem alten Ritter
und einem jungen Gecken Scherz.
Allein, die Kost bekam ihr bitter

und wandelte die Lust in Schmerz.
Der alte Kauz, ein reicher Pächter,
erkaufte sich ihr Herz durch Gold.
Von Gold ist niemand ein Verächter,
besonders sind ihm Mädchen hold.
Denn Gold deckt Finnen und deckt Falten,
macht Höcker schlank, was schief ist grad:
Genug! Mein Mühmchen schenkt dem Alten
für Gold die Gunst, um die er bat.
Inzwischen fing der junge Lecker
ihr zartes Herz durch Schmeicheleyn.
Das Bürschchen wurde täglich kecker
und trieb die Liebesnäschereyn
so lang, bis nach drey Vierteljahren
sie Mutter ward von einem Sohn.
Der Alte ließ nun's Mädchen fahren,
der junge Vater lief davon.«

Als Warnung, daß nicht jede Verbindung ein gutes Geschäft werden mußte, hätte das eigentlich genügen können. Aber unsere hanseatische Frau Urgroßmutter sah die Sache fatalistisch: Am Ende würde doch alles so kommen, wie es das Schicksal wollte. Mit Geld oder ohne Geld. In der anschaulich-griffigen Sprache der alten Hanseaten hieß das: »Wat tohoop kamen schall, dat kümmt tohoop – un wenn de Düvel dat mit de Schuufkaar tosammenföhrt«.

* * *

»Siehst du eine Frau, deren Tugend und Reize allgemein gelobt werden, ausgenommen von einer Mannsperson, die, wenig von diesen Lobeserhebungen gerührt, bloß trocken davon spricht, so sage keck: dieß ist Mann und Frau.«

Bremisches Unterhaltungsblatt,
Januar 1825

* * *

Der Ehestand ist eine so wagliche Sache, daß mich dünket, es sey genug, sich einmal in seinem Leben in denselben einzulassen. Eine Ehe mag glücklich oder unglücklich gewesen seyn, so ist solches alle Zeit eine hinlängliche Bewegursache, eine Person abzuhalten, die zweyte einzugehen.

Frauenzimmer-Bibliothek,
Hamburg 1757

Von den Pflichten der Mütter

Eine der Hauptsachen, worauf … Mütter zu denken verbunden sind, ist, daß sie ihren Kindern anständige Heyrathen verschaffen … Man muß versuchen, die Neigung der Kinder durch allerley Gründe zu überwinden und sie bewegen, sich die Wahl ihrer Eltern gefallen zu lassen, man muß sich aber wohl hüten, sie auf eine Art in diesem Stück zu zwingen: Denn es ist … besser, die gantze Nacht aufzuseyn, als sich bey einem Drachen niederzulegen.

Frauenzimmer Bibliothek,
Hamburg 1757

Zur Vertheidigung bloeder Mannsbilder

Wir wollen endlich den Fall setzen, daß ein Mann bloeden Verstandes und nicht vermoegend sey, sich der ihm zukommenden Vorrechte zu bedienen … In diesem Fall muß eine Frau betrachten, daß oft die geringen Verdienste eines Mannes dazu dienen, die ihrigen desto mehr in ein Licht zu setzen.

Nützliche Betrachtungen über wichtige Stücke
der Sittenlehre, Hamburg um 1750

Mit Leidenschaft in eine bessere Welt

Hanseaten waren vergnügungssüchtige und leidenschaftliche Leute. Das galt auch für die erotischen Leidenschaften, wenngleich boshafte Literaten immer wieder behaupteten, hanseatische Leidenschaft würde niemals so recht lodern, wie man das von den Südländern zu wissen glaubte, sondern sie blökerte eher ein bißchen langweilig vor sich hin wie eine minderwertige Kerze, die zudem noch feucht geworden war.

Daß es ganz so nicht gewesen sein kann, beweist ein herzzerreißender Vorfall, der sich am Fastnachtsabend 1657 am Hamburger Rödingsmarkt zugetragen hatte: Ein junges Mädchen hatte in einem Haus, in dem gerade gebraut wurde, einen jungen Brauerknecht gestäupt, das heißt, es hatte ihm mit einem grünen Frühlingszweig kräftig eins rübergezogen. Das war ein guter alter Brauch zur Fastnacht, denn der Zweig symbolisierte die Lebensrute, und ein liebevoller Schlag damit sollte zu beiderseitigem Vorteil einen Liebeszauber entfachen. Zum Ritual gehörte es – anders konnte das mit der Liebe ja nicht funktionieren –, daß sich der junge Mann das Mädchen griff und es küßte. Das machte am meisten Spaß, wenn sich das Mädchen dabei heftig zur Wehr setzte. Dabei kamen die beiden ins Rangeln, was ja auch für beide Seiten recht angenehm war. Dabei aber passierte dann das, was dem Fall eine tragische Wende gab: Die beiden näherten sich in der Hitze des Gefechtes der Braupfanne, die noch heißer war als die Leidenschaft der beiden Junghanseaten. Und so passierte es: Sie fielen in die Braupfanne und damit in eine bessere Welt!

»Ist ein merckliches Exempel am Fastelabend«, kommentierte ein Chronist den Tod der beiden. Und er fügte hinzu, daß dies nicht der einzige Fall war. Schon ein

paar Jahre zuvor hatte sich ähnliches am Millerntor zugetragen. Auch dort hatte eine Magd von ihrem Gewohnheitsrecht des »Abstäupens« Gebrauch gemacht, und »unter dem Ringen kamen sie der Lucken nahe und fielen beyde herunter auf der Gassen, die Magd blieb alsbald todt, der Gesell mußte nach 24 Stunden seinen Geist aufgeben.«

Unter allen unschuldig scheinenden Ergötzlichkeiten ist vielleicht keine einem jungen Mädchen gefährlicher als das Lesen von Romanen. Man kann sich schwerlich alle Uebel vorstellen, welche die falschen Begriffe verursachen, so die Romanen uns von den Dingen herbeybringen, und hauptsächlich von der Liebe und von der Ehre, welche man darinn als zwey große Triebfedern des menschlichen Lebens betrachtet.

Frauenzimmer-Bibliothek,
Hamburg 1757

Lob der Keuschheit

Es ist nicht genug, daß eine Frau sich in der That rein und keusch in der Ehe verhalte, der geringste Vortrag welcher dahin abzielet sie zu verführen, muß ihr ein Abscheu seyn, und sie muß ihn auf eine solcher Art verwerfen, daß sie dem Verführer niemals Gelegenheit giebt, einen neuen Angriff zu wagen

Frauenzimmer-Bibliothek,
Hamburg 1757

* * *

Daß aber eine Weibsperson, welche unehelicher Weise ein Kind erzeuget hat, geil genennet und diese Neigung durch die Milch auf das Kind könne fortgepflanzet werden: das lasset sich nicht mit Grund behaupten.
Diejenigen Weibspersonen sind wahrhaftig die geilsten nicht, welche Kinder zur Welt bringen: welches man umständlich erweisen könnte, wenn es nöthig wäre.
Die Liebe und der Beyschlaf bringen in ihrer gehörigen Mase dem Leibe mehr Nutzen als Schaden. Wenn eine

Weibsperson, welche einigemal verstolener Weise bey ihrem Liebhaber schlafet, deswegen geil und ihre Milch schädlich soll genennet werden, so wissen wir nuhr, was man den allermeisten Ehefrauen für einen Beynahmen geben muß, welche solches im Ueberfluß treiben.

Neue wohleingerichtete Frauenzimmerapotheke, Hamburg 1741

Von der »Medegift« und der »Beisteuer«

In einem weitverbreiteten Kompendium aus der Zeit des Spätbarock hatte unser Küstenhanseat unter dem Stichwort »Mitgift« den Hinweis gefunden:

»Bei denen Frauenzimmer kann die Persohn nicht vornehm und schön genug und bey denen Mannsbildern nicht reich genug seyn. Man lauret von eyner Zeit zu der andern auff was Besseres und fallet dennoch endlich wie die Fliege ins Bier und siehet wenig auf die Persohn.

Da sitzet man hernach und lässet sich post festum die Augen übergehen. Manche dencken Geld zu erlauffen und erwischen nur den Sack.«

Verständlicherweise wollten weitsichtige Mütter ihren Kindern ein solches Schicksal ersparen. Nicht nur in bezug auf die materielle Seite der Eheschließung. Auch sonst gedachten sie, ihren Kindern möglichen Ärger aus dem Weg zu räumen.

Da es sich bei der Eheschließung aus der Sicht unseres hanseatischen Urgroßvaters im wesentlichen um eine geschäftliche Transaktion handelte, bedurfte es eines Vertrages, der die beiderseitigen Rechte und Pflichten festlegte. Die wichtigsten jedenfalls – und die bezo-

gen sich auf die vermögensrechtliche Seite der Angelegenheit. Die »Ehezärter« waren solche formellen Eheverträge. In ihnen wurden beispielsweise Details über die Gestaltung des Haushalts aufgeführt, ebenso genaue Angaben über den Teil, den die Eltern zum Unterhalt des jungen Paares hinzuzublättern hatten, was durch die Bezeichnung »Beisteuer« ein wenig nach unumgängliches staatlicher Abgabe klang. Auch von den Wohnverhältnissen des zu vermählenden Paares war im »Ehezärter« die Rede. Wichtigster Bestandteil des Vertrages war allerdings die »medegift«, später auch »Brautschatz« genannt. Auch hier galten die Grundsätze eines ehrbaren Kaufmannes: Wurde mehr versprochen als man halten konnte – und das kam alten Aufzeichnungen zufolge häufig vor –, dann galt das ganze Geschäft als nicht abgeschlossen, und der hinters Licht Geführte konnte von der Eheschließung Abstand nehmen.

Hanseaten waren nüchtern rechnende Kaufleute. Dies hatte eine für jedermann ohne weiteres einsehbare Konsequenz: Die Liebe, aus der ein Hanseat ohne Zweifel einen Bund fürs Leben schloß, war die eine Sache. Das verständliche Glücksgefühl, mit dem er die willkommene Zugabe zur Braut in Empfang nahm, eine andere. Je mehr es war, was die künftige Angetraute an materiellen Gütern in die Verbindung einbrachte, desto mehr stieg sein Ansehen und das seines Schwiegervaters, der sich die satte Mitgift leisten konnte.

Auf die Idee, daß hier eine Usance aus der Welt der Handelsgeschäfte eine Rolle spielen könnte, nach der minderwertige Ware mit einer Zugabe losgeschlagen werden mußte, kam man offenbar nicht. Im Gegenteil: Der Hanseat liebte es, wenn alle Welt genüßlich davon Notiz nehmen konnte, was er mit der Liebe einer Kaufmannstochter alles in den Schoß gelegt bekam. In einer Prozession wurde ihm das »Brautzeug« ein paar Tage vor der Hochzeit feierlich ins Haus gebracht.

* * *

Es soll auch der Ring, so der Bräutigam der Braut verehret, mit dem Stein, Gold und Arbeitslohn nicht mehr als 100 Reichsthaler wert sein.

Hamburger Hochzeitsordnung von 1634

»… mehr derb als holdselig!«

Da wandern nicht etwa schöne und stolze Patriziertöchter mit dem blausammetnen Gebetbuch in die Messe, sondern ehrbare und mehr derbe als holdselige Bürgerfräulein in ihr Geschäft. Keine Spur von Romantik … Diese Mädchen haben Backen, die knallrot sind vor Gesundheit, haben Kleider, die gewiß äußerst praktisch, aber so wenig schick wie nur möglich sind. Man denkt unwillkürlich, wie prächtige Hausfrauen und Mütter sie einst werden dürften, wie herrlich sie kochen, was sie dem Kaiser für kernige Soldaten schenken werden. Sie haben, wie die Norddeutschen meistens, wenig Sinn für Liebe, Leidenschaft, Überschwenglichkeit, aber sehr viel für Treue. Vergleicht man sie z. B. mit den Berlinerinnen, so ist ihr geistiger Horizont im Durchschnitt beschränkter, aber sie haben vielleicht mehr sittlichen Ernst, der sich bis zur Prüderie steigert. Ihr Verstand beherrscht stets ihr Gefühl; er muß auch erst ihrer Liebe seine Genehmigung erteilen.

Der Reisende Thomas Glahn
über die Frauen in Rostock

Das Wunder von Wismar: Wie ein liebendes Herz den Lieben Gott erbarmte

In der Wismarer Marienkirche war ein schmiedeeisernes Gitter am Taufstein zu sehen, das bei der Zerstörung der Kirche im letzten Krieg gerettet worden ist.

Wer sich dieses Gitter genau anschaut, kann eine Eigentümlichkeit entdecken, mit der es eine besondere Bewandtnis haben soll: An einer Stelle klafft ein kleines

Loch, in das der Schmied offenbar keinen Niet hineingetrieben hat. Das aber, so versichern die alten Wismaraner, sei auf einen merkwürdigen Pakt zurückzuführen, den ein Schlossergeselle anno 1344 mit einem höchst sonderbaren Herrn geschlossen haben soll.

Der junge Schlosser hatte sich unsterblich in die Tochter seines Meisters verliebt und hätte die junge Dame gern geheiratet. Der Meister aber wollte seine hübsche Tochter nicht umsonst hergeben, sondern verlangte einhundert Goldgulden als sogenannten »Mahlschatz«. So viel Geld aber hatte der Geselle noch nie gesehen, geschweige denn jemals besessen.

Der geneigte, mit hanseatischem Sagengut vertraute Leser ahnt schon, wer dem armen Schlossergesellen zur Seite springen sollte: An der Marienkirche stand ein dunkelgekleideter Herr mit überaus guten Manieren, also Typ Banker, was schon mal verdächtig war! Vor allem auch deshalb, weil der seltsame Herr ein zu kurzes Bein hatte und in die Kirche hineinhinkte. Was überaus verdächtig war!

Klaren Verstandes hätte sich wohl niemand auf windige Geschäfte mit einem solchen Partner eingelassen. Aber der Schlossergeselle war ja nicht klaren Verstandes, denn er war ja verliebt. Der seltsame Herr verlangte von dem jungen Mann, er solle um den Taufstein der Marienkirche herum ein Eisengitter bauen. Die teuflische Bedingung: Das Werk solle an einem einzigen Tag zwischen dem ersten Schrei des Hahnes und zur »Klok eins« nach Mitternacht fertig sein. Dann, so versprach der dubiose Auftraggeber, wolle er dem jungen Mann die hundert Gulden geben. Andernfalls solle der brave Handwerksgeselle dem Teufel gehören.

Nun weiß man ja, daß Handwerkerleistungen kaum jemals termingerecht erbracht werden. Aber der Gesel-

le war ja nicht Herr seiner Sinne, weil er immerzu nur an die hübsche Meisterstochter dachte. Und so soll er den bereits vorgefertigten Vertrag mit seinem eigenen Blut unterschrieben haben, was der Geschichte einen Hauch von Grusel gibt.

Es kam, wie es der gebildete Leser wiederum vermuten wird: Der Geselle arbeitet vom ersten Krähen des Hahns bis nach Mitternacht im Schweiße seines Angesichts. Als die Turmuhr von St. Marien für den jungen Mann äußerst bedrohlich das Ende der ersten Stunde eines neuen Tages verkündete, sah das Gitter um den Taufstein schon ganz ansehnlich aus, nur die allerletzte Niete war noch nicht eingesetzt.

In seiner Angst fiel der junge Handwerksgeselle flehend auf die Knie – eine Haltung, in der Handwerker unserer Zeit ihre Kunden gern sehen! – und bat den Lieben Gott um Beistand. Aber der Liebe Gott war wohl im Augenblick gerade anderweitig beschäftigt. Jedenfalls, so die Chronik, »nahte ein fürchterliches Geheul von oben heran« und der Schlossergeselle fiel besinnungslos zu Boden.

Dann aber geschah das Wunder: Als sich der junge Mann von seinem Schreck erholt hatte und wieder aufgewacht war, fand er sich nicht im Schwefeldunst der Hölle, sondern auf dem Boden der Marienkirche, wo es immer ein bißchen nach Weihrauch roch. Und neben ihm lagen – fein säuberlich abgezählt – einhundert goldglänzende Gulden.

Damit war denn wieder alles im Lot: Der Teufel bekam nichts, was einen aufrechten Hanseaten allemal freute. Der Schlossermeister bekam sein Geld, der Geselle das Mädchen (mit dem er hoffentlich wie alle anderen Ehemänner überall auf der Welt auch) so recht von Herzen glücklich geworden ist, und die Wismaraner bekamen eine hübsche Geschichte, an der nicht im geringsten zu zweifeln ist. Denn daß sie wahr sein muß, beweist ja allein schon der fehlende Nietbolzen am Gitter zum Taufbecken.

»Am 21. April 1559 badede ick mit all minem volck, und worden durch den roden wyn so vrolick darna, dat alle jungen und knecht dantzen und singen musten bet in die nacht, dat die glock ein schlug.«

Der Stralsunder Bürgermeister Nikolaus Gentzkow in seinem Tagebuch über das unzüchtige Leben in den öffentlichen Badestuben.

Hanseatische Erkenntnisse über das Frauenzimmer

In den Augen eines vernünftigen Mannes sehen viele Frauenzimmer sehr nichtsbedeutend aus. Die Mannspersonen beurteilen die Schönen gemeiniglich nach dem Äußerlichen. Sie bilden sich ein, daß ein Frauenzimmer, deren Tugend nicht allzeit Werda! ruft, leichter zu besiegen sein wird als eine Spröde. Die Erfahrung selbst reißt sie nicht aus ihrem Irrtum.

J. M. Dreyer, Hamburg 1755

Vom Beyschlaf und seinen Regula

Man hat sich eingebildet, die Knäbchen würden aus demjenigen Samen erzeuget, welcher in der rechten Hode, und die Mädchen aus demjenigen, welcher in der linken Hode zubereitet würde. Daher haben einige den Rath gegeben, man sollte während des Beyschlafs entweder die rechte oder die linke Hode binden, nachdem die Eheleute eine Neigung hätten, ein Geschlecht vor dem andern zu zeugen: das ist die linke, wenn sie Söhne, und die rechte, wenn sie Töchter zeugen wollten. Allein, ausser dem, daß es noch sehr ungewiß, ich mag nicht sagen, nicht eben gar wahrscheinlich ist, daß dieser Versuch angehen würde: so kann man gar deutlich erkennen, der Schmerz und die Ungemächlichkeit, welche sie dabey befinden, müsse so groß seyn, daß wenige Männer sich dazu entschliessen werden, wenn sie auch noch so starke Bewegungsgründe dazu hätten. Wenn es auch wahr ist, was einige berichten, daß es Männer gegeben hat, welche nur mit einer Hode versehen gewesen und dennoch Kinder von beyderley Geschlecht gezeuget haben: so wird niemand grosse Lust bey sich verspuren, eine so harte Züchtigung auf sich zu nehmen.

Neue wohleingerichtete Frauenzimmer-Apotheke, Hamburg 1741

Vorschriften die Copulation betreffend

Das erste, was ein Hochzeiter thun muß, wenn er den Hochzeitstag ansetzt, ist, sich anzumelden beim Rathskuchenbäcker, der ihnen einen bestimmte Tag zur Hochzeit anschreibt und die Gebühr dafür empfängt …

Hernach muß er sich beim Weddeherren melden, Bürger zu werden oder Caution deswegen zu bestellen, bevor er den Ankündigungszettel verlangt, dessen Formular gedruckt ist und sind die Namen der Brautleute um Jahr und Tag dazu geschrieben. Mit diesem Zettel gehet der Bräutigam zum Prediger, der abkündigen soll, welcher ist der Pastor …

Wenn große Hochzeiten seyn, wird eine Tafel, die Herrentafel genannt, woran Bürgermeister, Graduirte,

Prediger und Rechtsherrn allein sitzen, und kommen keine Frauenspersonen daran.

Nach der Copulation wird die Braut wieder in ihr Zimmer geführet, der Bräutigam bleibt aber auf dem Saal, woselbst Riechwasser herumgegeben wird, die Hände zu waschen. Worauf dasselbe auch an Braut und Jungfern geboten wird.

Varia hamburgensia, 1680

VI. Vom mäßigen Essen und unmäßigen Trinken

Ein verständiger Gärtner muß allzeit seinen Hof mit Kohl versehen, denn er ist ein Speis und Medicin.

Hanseatisches Kochbuch, 17. Jahrhundert

Von hanseatischen Sauff-Drosseln

»Sauff-Drosseln« nennet man insgeheim diejenigen liderlichen versoffenen Weiber, so dem Trunk ergeben sind, ingleichen Zechschwestern, Brantewein-Bullen, Zipp-Schwestern u. d. g. oder Pamp-Schwestern, so auf nichts denken, als was sie Gutes essen und trinken wollen, und ihren wollüstigen Leib durch allerhand Lecker-Bissen und Schnabelwerk unterhalten und ausmästen.

Berckemeyers »Curieusen Antiquarius«, Hamburg 1741

Wo Saufen eine Ehre war …

Die Hanse war ein Bund, der auf strenge Ordnung bedacht war. Symbole wurden geschaffen, um der Ordnung einen festgefügte Rahmen zu geben.

Symbole innerhalb einer Gemeinschaft sind wichtig, um zu zeigen, wer wo hingehört. Besonders ernst nahm die Hamburger Brauerbruderschaft im 15. und 16. Jahrhundert die Symbole, die sich in bestimmten Funktionen ausdrückten.

Als oberstes Amt wurde das des »Baumtragers« vergeben. Dieser Baumtrager hatte bei feierlichen Anlässen einen reichverzierten und ziemlich schweren Baum mit sich herumzutragen. Bei weitem nicht so schön, aber sicher ebenso würdig wie der Schellenbaum in einer preußischen Militärkapelle.

Der Baumtrager war eine Art Präsident der Brauergilde. Ihm folgten die sechs »Vorsprachen«. Das waren auf zwei Jahre gewählte Vertreter und Sprecher der Brauerknechte, die sich auch »Vincentbrüder« nannten.

Die Vorsprachen hatten in der Bruderschaft das Sagen, sie bestimmten gewissermaßen die Richtlinien der Vereinspolitik. Deshalb galten sie als besonders wichtig und mußten anläßlich ihrer Wahl eine Reihe von Prüfungen bestehen, die sehr ernst genommen wurden. »Initiationsriten« nennen das unsere allzeit auf neue Wortschöpfungen bedachten Soziologen und Ethnologen.

Was soll man von einem Brauer vernünftigerweise besseres erwarten als Trinkfestigkeit? Also mußte der in den erlauchten Kreis der Vorsprachen bestimmte Braugeselle auf Zutrinken der Alten einen Goldpokal voll starken Bieres zehnmal hintereinander austrinken. Jedesmal auf einen Zug und ohne abzusetzen.

Damit alles geordnet zuging, hatte der Zutrinker dem Prüfling seine Absicht durch die Aufforderung zu signalisieren: »Clas, du weest, dat du hüüt büst beehrt, üm de Brüderschop und de Armen zwee Jahr lang to bedeenen, und schalst daby dohn, as Gott am jüngsten Dage mit diner Seelen dohn schall, darup magst du düssen Beeker empfangen.« Die Aussicht auf das Jüngste Gericht allein brachte den Brauerknecht sicher nicht dazu, sich der Tortur zu unterziehen. Die Lust am Saufen war ja auch eine starke Triebfeder. Warum sollten gerade diejenigen, die das Bier herstellten, weniger Spaß am Trinken haben als diejenigen, die es kauften? Der Angesprochene nahm eine stramme Haltung an und antwortete: »Darup will ick em (den Krug nämlich) empfangen!«

Dann mußte der Proband tief Luft holen, weil ja abzusetzen verboten war. Und wegen eines bißchen Unwohlseins wollte ein braver Brauerknecht die Ehre nicht riskieren!

Neben der Trinkfestigkeit galt auch ein gesunder Magen als wichtiges Merkmal eines Brauerknechts. Er mußte sich – wie es in den Satzungen stand – in Angelegenheiten der Bruderschaft »durch Dick und Dünn fressen können«.

Dies zu beweisen, war keine leichte Aufgabe: Nach einem ausgiebigen Festmahl – das es bei den Hanseaten stets in sich hatte – mußten die Kandidaten noch ein ganzes Huhn mit Haut und Knochen vertilgen können.

Später, »bei abnehmender Kräftigkeit der Menschheit«, wie ein Chronist mißbilligend vermerkt, sei der Niedergang der Moral und aller überkommenen Tugenden vor allem darin erkennbar geworden, daß sich der Prüfling von der hanseatischen Tortur durch die Zahlung eines Orts-Talers freikaufen konnte.

Tröstlich an der Angelegenheit war, daß die auf diese Weise eingenommenen Strafgelder einem überaus löblichen Zweck zugeführt wurden: Man kaufte dafür ein neues Faß Bier, auf daß man kräftig weitersaufen konnte!

»Ferner so hats an ihm viel Substantz ...«

Hamburger Bier war zur Hansezeit ein wichtiger Exportartikel. Wie man Lüneburg ein »Salzhaus« nannte, so war Hamburg als »Brauhaus« berühmt. 1524 schrieb Heinrich Knaust eine treffliche Abhandlung über das Hamburger Bier:

»Das Hamburger Bier, erste Königin der Weizenbiere genannt, hat einen lieblichen, guten und angenehmen Geschmack. Im Anfang süsse, aber hernach algemach gewinnet es einen weinlichen Nachgeschmack. Ferner so hats an ihm viel Substantz, reiche Nahrung und genugsam Nutriment, und nimmt der Mensch davon an seinem Leibe wohl zu. Es gibt gute und gesunde Feuchtigkeit, macht gut Geblüte, man kriegt auch davon eine schöne Farbe, denn man findet und sihet zu Hamburg teglich nicht allein gar schöne und feine Frawen und Jungfrawen von Farbe, sondern auch gar hertzliche und wohlgestalte feine junge Gesellen und Menner. Dieß Bier verleurt seine Krafft balde, wann es alt wird. Der Stein wächst einem leicht von diesem Biere, und eine sonderliche Gabe Gottes ist es, das einem von diesem Biere das Heupt nicht wehe thut. Wenn zu viel getrunken, verstelt es das Gesicht eines Menschen schändlich und macht es gar ungeschaffen mit rothen Flecken und ausgelauffen Tuberceln und Beulen.«

Die unverhohlene Freude am Biergenuß ist dem Hanseaten zur zweiten Natur geworden. Noch zur Biedermeierzeit belehrten die Neuen Lübeckischen Blätter ihre Leser über die wohltuende Wirkung des »ächten wahren« Bieres:

»Es muß eine sanfte Exaltion und Begeisterung, eine milde Anregung der Lebensgeister, einen der Gesellschaft und den Geschäften förderlichen Enthusiasmus und Muth hinterlassen, oder ... in einen halbpoetischen und schwärmerischen Zustand versetzen, in welchem die alltägliche Sorge vergessen und begraben, für neue Pläne und Schritte aber Muth und Entschlossenheit gefaßt wird.«

Roßmarin-Brandtwein zu machen

Nehmet drey Kannen gemeinen Brandtwein, thut ein halb Pfund Roßmarin hinein, und destilliret es bis auf drittehalb Kanne. Darunter kocht anderthalb Pfund Zucker in einem halben Quartier Wasser, und gießet diese endlich darunter, so wird es recht angenehm.

Frauenzimmer-Bibliothek, Hamburg 1757

Kurzer Prozeß in Hamburg – Rationalisierung in Stralsund: Wie Seeräuber kopflos wurden

Der Mann stammte aus Wismar – wenn man Gerüchten glauben darf. Aber man darf nicht.

Denn über die Herkunft des legendären Seeräubers Klaus Störtebeker gibt es nur Spekulationen.

Über seine Taten hingegen ist schon ein bißchen mehr bekannt. Und auch über sein unrühmliches Ende auf dem Hamburger Grasbrook, wo ihn der Rat der Stadt 1401 hinrichten ließ. Nach einem auch für das finstere Mittelalter ungewöhnlich kurzen Prozeß, was den Verdacht nahelegt, daß man den Mann schnell in eine vermeintlich bessere Welt befördern wollte, was wiederum den weitergehenden Verdacht nahelegt, daß es in der Hansestadt an der Elbe ein paar Honoratioren gegeben hat, die mit dem »Likedeeler« unter einer Decke steckten.

Doch bleiben wir bei den Erkenntnissen, die auch nicht so recht gesichert sind, die sich aber seit Jahrhunderten so schön erzählen lassen, daß es auf einmal mehr oder weniger nicht ankommt.

Der Seeräuber Klaus Störtebeker, so wird berichtet, soll seinem Namen alle Ehre gemacht haben. Oder genau genommen umgekehrt: Er hat die Ehre zu seinem Namen gemacht. Denn natürlich hieß er irgendwie anders; und es wird sogar behauptet, er stammte aus einem adligen Geschlecht. Weil aber unter Seeräubern Trinkfestigkeit allemal als die größte Tugend galt, und weil Störtebeker in dieser Disziplin der Tugendhafteste war, haben ihm seine Kumpane den Ehrentitel des »Becherstürzers« an die Piratenbrust geheftet, was in der ihnen geläufigen niederdeutschen Sprache »Störtebeker« hieß.

In welchen Mengen sich der Mann die edlen und wohl auch weniger edlen Tropfen hineingekippt hat – darüber gibt es keine zuverlässigen Informationen.

Da das Hamburger Bier im Mittelalter ein begehrtes Exportgut war – weltbekannt nach damaligen Maßstäben –, dürften bei annähernd jeder Schiffsladung auch etliche Tonnen Bier dabeigewesen sein. Allein deshalb

schon mag es den Seeräubern als lohnenswert erschienen sein, hansische Handelsschiffe zu kapern, was sogar seinen zwar etwas holperigen, aber schlüssigen literarischen Niederschlag gefunden hat:

»Störtebeker sprook: Alltohand! – De Westsee is uns wohlbekannt, dohen wülln wi nu fahren!

De riken Kooplüüd und Hamborger Beer, se süllt uns de Recknung betahlen!«

Am Ende bezahlte der Seeräuber selbst die Rechnung und erwies sich – wenn wenigstens diese Legende stimmt – als nicht ganz so trinkfest, wie sein Name vermuten läßt. Auf dem Richtplatz nämlich, so ist überliefert, habe der Scharfrichter dem Klaus Störtebeker pflichtgemäß das Angebot unterbreitet, einen Krug mit vier Liter Bier ohne abzusetzen hinunterzustürzen und durch diesen Kraftakt sein Leben zu retten. Da der Henker – was eindeutig belegt ist – zu blutiger Tat schreiten mußte, dürfen wir vermuten, daß der Pirat die Saufprobe nicht bestanden hat.

Andernorts ist man mit den »Likendeelern« nicht weniger zimperlich umgegangen: Auch dort wurden sie, wenn man sie denn erwischt hatte, hingerichtet. Aber nicht in arbeitsintensiver Einzelbehandlung wie in Hamburg, sondern in einer Art Fließbandverfahren. Aus Stralsund wird berichtet, man habe die verurteilten Seeräuber so weit in große Biertonnen gestopft, daß nur noch die Köpfe herausguckten. Der Scharfrichter brauchte dann nur noch mit einem kräftigen Hieb an den Faßrändern entlangzusäbeln und hatte sein Geld auf diese Weise schnell verdient.

Da sage einer, an Rationalisierung habe zur Zeit der Hanse noch niemand gedacht!

Hanseatische Kochkunst: Ein mageres Huhn fett zu machen

Nimm eine magere Henne und ausgebratenes Hühnerfett, gieße davon der Henne, so viel du kannst, in den Hals, thue sie hernach in ein Gemach, jage sie darinnen so lange herum, bis sie erhitzt zu Boden fällt, als dann legt sich das eingegossene Fett zwischen Haut und Fleisch, schneide ihr dann alsbald die Gurgel ab … so tauget sie zu essen.

Auserlesene Künste für Frauenzimmer
bey Cotta, 1775

Rezept für Genießer

1775 erschien im Verlag Cotta ein auch in den Hansestädten vielgelesenes Buch unter dem Titel »Auserlesene Künste für das Frauenzimmer«. Darin wurde auch die Kunst vermittelt, eine Gans zu braten und doch lebendig aufzutragen:

»Nimm eine Gans, berupfe sie bis auf den Hals und Kopf, mache rings um sie ein Feuer nicht allzu nah auf, daß sie nicht ersticke, sondern, daß sie allgemach brate, setze zu ihr etliche Gefäße mit Wasser, Honig und Saltz vermischt, damit sie sich labe, darnach nimm Aepfel, röste sie in Schmaltz, betreuffe die Gans damit, rucke das Feuer allgemach näher zu ihr, und wenn sie anfängt zu braten, läuft sie rings im Feuer herum und will davon, weil sie aber vor dem Feuer nicht fort kann, trinket sie ohne Unterlaß', sich zu laben, und wenn sie heiß wird, bratet sie auch inwendig, du mußt ihr aber ohne Unterlaß das Herz und Kopf kühlen, wenn sie dann anfängt zu zappeln, nimm sie weg, leg sie in eine Schüssel, gib sie den Gästen zu essen, sie ist gebraten und lebt noch und schreyet, wenn man von ihr schneidet.«

»Bescheidtrinken« als Kraftprobe

Einem Bonmot von Heinrich Heine zufolge waren die Kauwerkzeuge die bestausgebildeten Körperteile der Hamburger. Und man darf wohl ergänzen: Diese körperliche Besonderheit galt vermutlich auch für die Hanseaten anderer Seestädte.

Möglichst große Portionen möglichst schwerer Speisen in möglichst kurzer Zeit zu bewältigen galt den

Hanseaten als Ehrensache. Dabei erwiesen sie sich als ungewöhnlich ausdauernd. »Geduld överwinnt Swiensbraden« war ein dem kulinarschen Sprachschatz entlehntes geflügeltes Wort, mit dem man zum Ausdruck brachte, eine Sache mit der ihr gebührenden Ausdauer angehen zu wollen.

Mit großer Geduld widmete man sich auch dem Trinken, das ins Maßlose übertrieben einem edlen Zweck diente: mehr essen zu können. Was übrigens auch umgekehrt galt!

Dabei wußten die alten Hanseaten durchaus, daß im Schnapsglas auch damals schon mehr Leute ertranken als auf der hohen See. Nicht einmal vor Gottes heiligen Hallen machten sie halt. Der streitbare Pastor Schuppius mokierte sich, daß viele seiner Schäfchen vor dem Kirchgang erst einmal nach Branntwein schickten. Und er polterte, »unleidlich zuwider« sei ihm der Schnapsdunst, wenn er sich in der überfüllten Kirche den Weg auf die Kanzel bahnte und dabei von seiner Gemeinde angehaucht wurde.

Damit man beim Trinken auch immer schön im Schwung blieb, hatte man zwischen Alster und Elbe die schöne Sitte des Zu- und Bescheidtrinkens erfunden. Wenn einer in einer Gesellschaft, die auf Konventionen hielt, einem anderen freundlich zuprostete, war es für den so Angesprochenen eine unabdingbare Ehrenpflicht, mit gleicher Menge nachzuziehen. Und wenn er sich beliebt machen wollte, mußte er gleich wieder vorlegen, auf daß der andere eine Chance hatte, ihm die Ehre des Mittrinkens zu erweisen. Wer sich weigerte, verstieß gegen die Spielregeln, er beleidigte den Zutrinker. So geriet man auf hanseatischen Gesellschaften denn auch sehr schnell zwischen Skylla und Charybdis. Man hatte nur zwei Optionen: sich entweder hoffnungslos

zu betrinken oder wegen Beleidigung eine Prügelei anzuzetteln. Meistens wurde nach reichlichem Alkoholgenuß ohnehin gerauft.

Das eben war die Tragik der hanseatischen Zecher: Sie konnten machen, was sie wollten, es lief so oder so auf dasselbe hinaus.

Das große Fressen zur Fastnacht

Ein beliebter Fastnachtsbrauch war es zur Hansezeit, in riesigen Mengen Heißwecken zu verzehren, »hete wegghe«, wie man das kalorienreiche Gebäck aus Mehl, Zucker und Butter nannte. Man schnitt den oberen Teil ab, durchtränkte den weichen, ohnehin fetten Teig mit

Milch und zerlassener Butter und löffelte das Ganze genüßlich aus. Dazu wurden in gewaltigen Mengen Eierbier, schwerer Likör oder reichlich süßer Malagawein getrunken. So ist es kein Wunder, was der Historiker Ernst Finder schreibt, daß nämlich Magenkrämpfe und hartnäckige Fieber viele Hanseaten zur Fastnacht durchrüttelten. Manch einer soll sich sogar zu Tode gefressen haben.

Wer es im ersten Anlauf mit den Heißwecken nicht schaffte, der hatte eine zweite Chance: Zum Mittagessen kamen Schweinskopf mit Sauerkraut und Erbsen auf den Tisch. »Das Gesicht mag ick lieden, sä de Bur«, pflegten unsere Hanseaten zu sagen, »dor stell de Kööksch 'n Swienskopp op'n Disch!«

Für diejenigen, die die Tortur überlebten, war Fastnacht allemal ein schönes Fest!

Für Rostocker Leckermäuler: »Schwaanscher Kuchen«

Man thut 4 Loth Butter in 1/4 Pott Milch, macht Letztere lauwarm, so daß die Butter schmilzt und rührt dies nebst 4 Eidottern und 1 1/2 Pfd. Mehl zu einem Teige, an welchen man noch eine Hand voll Rosinen, zerstoßene Cardamomen von 7 Schoten und 4 Loth feingestoßenen Zucker thut. Endlich rührt man 5 Loth trockene, in Milch aufgelöste Hefe darunter und durchmischt den Teig mit dem zu Schnee geschlagenen Weißen der Eier. Sodann setzt man ihn auf eine Platte von Eisenblech, läßt ihn gut aufgehen, bestreicht ihn mit klein gerührtem Ei, backt ihn im mäßig heißen Ofen etwa eine Stunde und reicht ihn mit Zucker bestreut.

Mecklenburgisches Kochbuch von Frieda Ritzerow, Rostock 1868

Ratsessen anno 1688

In der zweiten Hälfte des 17. Jahrhunderts hatten sich bei großen Diners wie den Petri- oder Matthiae-Mahlzeiten drei anstelle der früher üblichen zwei Tafelgänge durchgesetzt. »Jeder Gang war so reich an verschiedenartigen, nach unserm Geschmack gar nicht zusammengehörigen Gerichten«, schreibt ein Chronist, »daß wir aus jedem gewiß drei bis vier machen würden.«

Der erste Gang bestand nach einer erhalten gebliebenen Rechnung aus folgenden Speisen: Mandelmilch als Suppe, gebratene Rehkeule, Rehrücken und Kalbsviertel, Kalbsköpfe, Hechte, Lachse, Gründlinge, Hühnerpasteten und Kapaunenbraten, nebst dem erforderlichen Gemüse.

Der zweite Gang brachte: gebratene Lachse, Hasen, Calcuten, Lämmer, Rebhühner, Finken, Mandeltorten, Calcuten-Pasteten, Aepfel- und Birnen-Compots.

Als Nachtisch folgten: überzuckerte Citronen- und Limonen-Schalen, aufgeblasener Zucker, »Candizier-Kuchen«, große Pletten, Nürnberger-, Kraut-, Herren-, rothe und weiße Kuchen, »fransche Pasten«, Zuckerflöten, Macronenkränze, Zichorien-Wurzeln, »Kunst-Confect«, »Postazen«, Aepfel, Birnen, Butter und Käse.

Eine Matthiae-Tafel im Jahr 1715

Erster Gang: Fisch- und Küken-Suppe, zugleich mit Ochsenbraten, Schinken, Rebhühner-Pasteten, Kalbszungen, gestovtem Lammfleisch, Lachs garniert mit Schmerlen, Calcutenbraten mit Spinat, Lerchen, gefüllte Tauben und Champignons, Austern-Pasteten.

Zweiter Gang: Ein ganzes gebratenes Reh garniert mit Rebhühner, Hasenbraten, Wildschweinsrücken garniert mit Krammetsvögeln, Fasan garniert mit Finken, Kapaunen mit Blumenkohl, Sülze und Preßkopf, Bratfische und Dorsche.

Dritter Gang: Gebratene Hirsch-Keulen, Wildschweins-Kopf, gebratene Austern, Forellen mit Allritzen, Krebse, Neunaugen, Caviar, Anschovis, Butter und Käse, Oliven, Ochsenzungen.

Nachtisch: Aehnliche Schüsseln wie oben beschrieben, wozu noch kommen: Zucker-Pomeranzen, »Aepfel de China«, Mandeln, Rosinen, Feigen u. dgl.

In Privathäusern wurden solche Ratsmahlzeiten »nachgeahmt« und noch eins draufgesetzt: Die Krone war 1725 ein »ganzes gebratenes Reh, dessen Maul und Ohren vergoldet waren«.

Aus hansischen Rezeptbüchern: Marcipan von Salz zu machen

Marcipan von Salz zu machen, nehme man Salz, und zwar so weiß, als es zu haben ist, dörre und stoße es recht klein; hernach presse man in Rosenwasser eingeweichten Tragant (Süßholz), der jedoch nicht allzu dünn seyn muß, durch ein Tuch und streiche ihn mit einem Messer auf einem hölzernen Teller so lange hin und wider, bis er schneeweiß wird. Nach diesem kann man das Salz damit anmachen, daß es feiner Teig wird, und soll er wohlriechend werden, so wird ein wenig Bisam darunter gethan; hernach kann man ihn wie andere Marcipane formiren, auf einem Ofen trocken werden lassen und einen Spiegel, wie auf die rechten Marcipane, machen.

Biermus

Biermus ist eine Art Biersuppe, welche folgendergestalt zubereitet wird: Man thut geriebenes hartes Brod in einen Topf, gießet Bier darauf, wirft ein wenig gequetschten Kümmel oder statt dessen etwas Zucker hinein, setzet es zum Feuer und läßt es durch einander kochen: hierauf wird es gequirlt, daß es klar werde, und ein Stück Butter nebst ein paar Eyern hineingerühret, so ist diese Speise fertig.

Milch-Suppe mit Zwiebeln

Man nimmt ein gutes Theil von den weissen Zwiebeln, solche in Scheiben geschnitten und etwas in Butter gebraten, denn gießt man gekochte Milch darauf und läßt sie damit kochen, und denn geröstete Semmelscheiben mit ein wenig besonders gekochter Milch mitonniret und denn die Zwiebelmilch darüber her gegeben, einige Zwiebeln kochet man ganz und garniret damit die Schüssel.

Hirsch-Ohren mit Muscheln

Die geputzten Ohren schneidet man wie Nudeln, thut sie in einen Tiegel oder in eine Casserolle, leget hundert Stück Muscheln (wenn es nämlich ein großes Gerüchte seyn soll) darzu, gießet gute Fleischbrühe drauf, würzet es mit Muscatblüthen und Citronenschaalen, wirft ein gutes Stück ausgewaschene Butter nebst geriebener Semmel dran, setzet es auf ein Kohlenfeuer und läßt es ganz gemächlich kochen. Beym Anrichten drücket man Citronensaft hinein, so kann es aufgetragen werden.

Castanienbrey

Schäle ein Pfund frische Castanien sauber, reibe sie auf dem Reibeisen, mache ein Maas oder eine Kanne Milch siedend, thue ein Stück Butter darein, rühre die geriebenen Castanien nach und nach darunter und laß den Brey aufkochen. Nimm alsdann zwey oder drei Eyerdotter, rühre sie auch in den Brey und laß ihn kochen, bis er sich im Boden etwas gelblich anhängt, und nun richte ihn an. Es steht in deinem Belieben, ob du ihn unter dem Kochen salzen oder Zucker daran thun willst.

Rosen-Brey zu machen

Man nimmt eine gute Anzahl frische Rosen-Blätter, hackt dieselben wohl unter einander, daß sie ganz klein werden; nimmt denn etwas Mehl, schlägt einige Eyer darunter und knetet es recht durch einander, daß es zu einem Teige wird; sodann treibt man diesen Teig ordentlich auf, und zwar ganz dünn, und läßt ihn trocken werden; alsdann hebt man ihn zum Gebrauch in Schachteln auf. Von diesem Teige nimmt man, wenn man will, einige Stückchen, wirft sie in wohl gesottene Milch und thut dazu etwas Eyer und Mehl; so hat man einen sehr schmackhaften Rosen-Brey.

VII. Vom Handelsgeist der Hanseaten

Vom rechten Handelgeist

Der Handelsgeist stimmt die Menschen für strenge Gerechtigkeit, welche auf der einen Seite die Raubsucht vernichtet, auf der anderen aber das Mitgefühl ertödtet. Der Handelsgeist läßt keine Gewaltthat aber auch keine Gemüthlichkeit zu, der ächte Kaufmann nimmt nichts mit Härte, aber er gibt auch nichts aus Güthe.

Neue Lübeckische Blätter, 1836

Vorschriften das Handeln betreffend

Es soll kein Bürger oder Diener auf einem Schiffe Gut besichtigen oder kaufen oder begottpfennigen, sondern es soll bei Strafe 6 Mark Silbers erst an Land gebracht werden.

Es sollen auch nicht mehr als zwei Bürger zusammen kaufen.

Es soll kein Gast mit einem Gast handeln, auch kein Bürger von einem Fremden anderen Fremden zum Besten etwas erhandeln, auch mit keinem fremden Gelde handeln, noch seine Bude verhäuren, daß Gast mit Gast darin handele.

Wenn ein Fremder Gut in diese Stadt bringt, soll er solches in seines Wirths Haus oder in seinen Keller legen, jedoch denselben nicht öffnen, es sei denn, daß ihm Bürger es abkaufen oder besehen wollen.

Verbesserte Kaufmannnsordnung,
Lübeck 1607

Über die Handelskunst der Hanseaten

Wenn sich die alten Hansen überhaupt auf eine Kunst verstanden, die sie beherrschten und mit Hingabe kultivierten, dann war es die, gute Geschäfte zu machen und schlechte – so gut es ging – zu vermeiden.

»Geld ist tweemol tellen wert« war die in Kaufmannskreisen überlieferte Weisheit, die als brauchbare Orientierungshilfe im geschäftlichen Überlebenskampf diente.

Es gab andere nicht weniger hilfreiche Lebensregeln für die Bewältigung des Alltags, die hanseatische Gewürzhändlerseelen so offenlegen, als seien sie das Rezept für die vielgepriesene und vielgeschmähte Hamburger Aalsuppe. »Bi Koopmannschaft schedt sick de Frünnen«, hatte man gelernt. Das war nicht etwa Programm, sondern Lebenserfahrung. Wie ja überhaupt die Lebenserfahrung bei erfolgreichen Handelsgeschäften immer die Hauptrolle spielt.

Unser urgroßväterlicher Hanseat hatte das zwar von seinem Großvater gehört, aber geglaubt hat er es erst, als er sich selbst im väterlichen Gewürzhandel so weit freigeschwommen hatte, daß er guten Gewissens nach der Maxime handeln konnte: »De nich tolangt, de kriggt nix«.

Und er langte zu, wo immer sich ihm Gelegenheit bot. Keineswegs nur im moralisch-abwertenden Sinn, sondern durchaus auch im Sinn des Zupackens und mit dem sicheren Gespür für merkantile Gelegenheiten.

Daß die hanseatischen Kaufleuten immer einen Hang zum Praktischen hatten – wer wollte das bestreiten oder ihnen gar verübeln? Nicht einmal der Nicht-Hanseat Siegfried Lenz bringt das übers Herz und bemerkt anerkennend, Don Quichotte hätte in Hamburg die Mühlen nicht in phantastischer Verkennung attackiert, sondern sie für seine Rechnung Fischmehl mahlen lassen.

Fischmehl oder Gewürze – en detail oder en gros – das kommt auf dasselbe raus. Außer im Geruch und in der Menge! Wichtig war (und ist), daß bei der Sache was rüberkommt, was meint, daß bei dem Geschäft soviel wie möglich im eigenen Beutel hängenbleibt.

»Umsünst springt keen Hund över'n Tuun«, pflegte man in den Hansestädten zu sagen. In der Tat: Etwas umsonst zu wollen, ist bei einem Hanseaten nicht nur gänzlich aussichtslos, es überhaupt zu verlangen, widerspricht schon im höchsten Maße hanseatischer Handelsethik.

Daß Erfolg in Handelsgeschäften mancherlei spezifischer Talente bedurfte, liegt auf der Hand. Zum Beispiel mußte man ein sicheres Gespür dafür haben, wo etwas zu holen war. »Up'n Drögen ist nicht good fischen« hatte man unserem Urgroßvater schon während seiner Lehrjahre auf dem Comptoir beigebracht, und er hatte seine Lektion begriffen. Außerdem kam es darauf an, die moralischen Maßstäbe für den geschäftlichen Umgang nicht zu eng zu legen: »De mit den Düvel speelt, mutt ook de Höll in Koop nehmen.«

Drittens war es wichtig, sich bei seinen geschäftlichen Transaktionen nicht zu verzetteln: »Mit een Moors kann man nich up twe Hochtieden danzen.«

Viertens mußte man es sich ohne Widerstand eingestehen, wenn man mal bei einem Handel den kürzeren gezogen hatte: »Dat lett nich goot, wenn de Fisch in't Nett noch mit den Fischer strieden will.«

Und fünftens schließlich war es wichtig, sich bei einem Geschäft nicht zu lange aufzuhalten, sondern ohne Umschweife zur Sache zu kommen. Unser hanseatischer Urgroßvater kleidete das in das drastische Gleichnis: »Dat kümmt vun dat lange Predigen, sä de Paster, do harr he in de Büx scheten.«

Der Autor bedauert, diese authentische Formulierung nicht umgehen zu können, und möchte sich als braver hanseatischer Urenkel für die bildhafte Ausdrucksweise seines Urgroßvater mit Nachdruck entschuldigen.

Ersparen kann er dem geschätzten Leser solche verbalen Entgleisungen aber ebenso wenig wie die Maxime, nach der manch ein hanseatischer Gewürzhändler den Aufstieg an die Spitze der gesellschaftlichen Hierarchie geschafft hat: »Een Hand vull Hannel is beeter as'n Wagen vull Arbeit!«

* * *

»Der Hering kommt in so gewaltigen Massen zur Küste, daß nicht nur Netze der Fischenden reißen, sondern sogar eine zweiklingige Steitaxt oder Hellebarde stehen bleibt, wenn man sie in den Fischschwarm steckt.«

Olaus Magnus über den Fischreichtum um Schonen: Anlaß für die lübischen Hansen, im 13. Jahrhundert ihre Hand zum »Paradies der Fischhändler« auszustrecken.

Hanseatische Weisheiten

Wenn de Dummen to Markt kaamt,
hebbt de Kloken Geld.

Politik is anners seggen as doon.

In'n Köömbuddel versuupt
mehr Minschen as op de hoge
See.

Afkaten un Wagenrööd,
de mööt goot smeert warrn.

Mit Betahlen wart das meiste
Geld veraast.

Dat geiht nich so as de Preester predigt.

So lang as de Orgel noch geiht,
is de Kark noch nich ut.

Gott gifft uns woll die Ossen –
man wie mööt se bi Höörns
in't Huus trecken.

Een Schuuvkor vull Glück helpt beter
as'n Wagen vull Verstand.

Wenn de Düvel op Reisen geiht,
lett he sien Peerfoot tohuus.

Wenn dat Glück partout in'n Moors rin will,
denn helpt keen leddern Büxen.

De Düvel schitt jümmers
op den gröttsten Hupen.

De Bruut sök di in'n Stall un nicht op'n Ball.

De geern danzt, den is licht wat vörfiedelt.

An'n gollen Angelhaken bitt jümmers wat an.

Mann op't Peerd, Fro an'n Herd.

Wo der Fro in'n Huus regeert,
is de Düvel Huusknecht.

De Fro kann mehr in de Schört uut'n Huus dregen
als de Mann mit'n Peerwagen inföhrt.

Wenn'n Jungfer fallt, denn fallt se up'n Rüch.

Dat gifft man een böös Fro in de Welt,
man jedereen meent he hett se.

Ein Almosen von mitleidigen Herzen

Den Kopf zu verlieren galt unter anständigen Hanseaten als ausgesprochen unfein, es galt immer, die Contenance zu bewahren. Etwas anderes war es, wenn man den Kopf im wörtlichen Sinn verlor, etwa auf dem Block des Henkers. Dann durfte man für sich in Anspruch nehmen, dem gaffenden Publikum – das zu Hinrichtungsterminen in Scharen herbeiströmte – einen unterhaltsamen Vormittag beschert zu haben.

Schlimmer war es jedoch, nicht den Kopf, sondern die Hand zu verlieren. Das war zwar kein endgültiges, aber ein ärgerliches Ereignis, denn wie sollte man die (nicht mehr vorhandene) Hand fortan noch aufhalten können, was ja im Kaufmannsgewerbe die übliche Verrichtung jener zum Abgreifen bestimmten Extremitäten ist.

Aber auch hier hat die geradezu sprichwörtliche Geschäftstüchtigkeit einer Hanseatin in einem besonders zu Herzen gehenden Fall einen gewinnorientierten Ausweg gefunden.

Zur Vorgeschichte der Geschichte: Zwei Hamburger Nachtwächter, die einander nicht ausstehen konnten, hatten sich auf ihren Nachtschichten immer wieder Schmähungen und Beleidigungen zugerufen. Als das Repertoire an Beschimpfungen beiderseits erschöpft war, beschlossen die beiden, die Sache im Duell auszutragen.

Die Kampfhähne trafen sich hinter dem Pesthof in der Nähe des heutigen Heiligengeistfeldes und hieben mit schweren Säbeln aufeinander ein. Dabei geriet der eine der beiden – wie uns die Chronik überliefert – in eine so »unbezähmbare Berserkerwut«, daß er seinem Kontrahenten mit einem gewaltigen Hieb die Hand abschlug und dieselbe im hohen Bogen zehn Schritt weit wegflog.

Der so Lädierte war darüber maßlos verärgert. Vielleicht hatte er insgeheim beschlossen, den Fall vor den Kadi zu bringen und die abgeschlagene Hand zu den Akten zu heften. Vielleicht hoffte er insgeheim aber auch, daß irgendein Chirurgus ihm die Hand wieder annähen könne – jedenfalls steckte er sie erst einmal in die Tasche.

Zu Hause angekommen, erzählte er seiner Frau von dem Mißgeschick, und die erwies sich als echte Hanseatin: geschäftstüchtig, abgebrüht und phantasiereich. Nein, ließ sie ihren Mann wissen, vom Richter habe man nur selten Gutes zu erwarten. Lieber wollte sie den Fall selbst in beide Hände nehmen (die sie ja noch hatte) und kam sogleich zur Sache: sie holte aus der Vorratskammer eine Flasche voll Essig und legte die Hand ihres Mannes hinein. Denn sie wußte ja vom alljährlichen Ochsen-Schlachtfest, daß sich Sauerfleisch besonders lange frisch hielt. Sie wußte auch sofort, wie man das Mißgeschick ihres Mannes in eine gute Einnahmequelle ummünzen

konnte. Sie überredete ihren Mann, bettelnd durch die Stadt zu ziehen und unterstützte ihn auf höchst appetitliche Art, was die Chronik so übermittelt: »Sein Weib ging mit ihm Haus bei Haus; sie trug ein Gefäß mit Essig, darin lag die abgehauene Hand ihres Gatten. Die zeigte sie den Leuten vor wie er seinen Armstumpf. Dann gaben die mitleidigen Herzen gern ein Almosen um Gottes Willen.«

Am Ende, so darf man vermuten, ist der Nachtwächter dank der Geschäftsidee seiner Frau ein wohlhabender Mann geworden. Denn mit zwei Händen nachtzuwächtern war alles andere als eine einträgliche Profession. Dann lieber mit einer Hand in Essig die Herzen erweichen! Und wie einer zu seinem Geld gekommen ist – danach wird in einer ehrbaren Hansestadt zumindest in der zweiten Generation niemand mehr fragen.

Schwermut über Wismar

»Erklärt sich die Schwermut, die über Wismar liegt, nur aus dem Verfall einer einst blühenden Stadt? Oder verbirgt sich ein Geheimnis ihrer Geschichte dahinter? Und wie kommt es, daß eine Stadt, die sich einmal so reich und mächtig darstellen konnte, so verkümmerte? … Unter schwedischer Herrschaft litt Wismar sehr unter Kriegen, um endlich durch den siebenjährigen Krieg völlig ausgesogen zu werden. Allmählich beginnt es wohl, seine Verarmung zu überwinden, aber nicht die Schwermut seiner Erscheinung.«

Ricarda Huch

Von Handelsgeist der Wismaraner

»Im Jahr 1259 schlossen Lübeck, Rostock und Wismar das denkwürdige, gegen Seeräuber gerichtete Bündnis, das ein Ausgangspunkt der Hanse wurde. Innerhalb der Hanse gehörte Wismar zu den wendischen Städten, von denen es die schwächste war. Der Wohlstand der Bürger, der eine Zeitlang bedeutend war, beruhte auf der Schiffahrt, auf der Brauerei und der damit verbundenen Böttcherei, auf der Wollenweberei; auch Ackerbau wurde betrieben. Der Handel beschränkte sich hauptsächlich auf die Ausfuhr des Bieres und auf die Einfuhr von Heringen …«

Ricarda Huch

Wie eine Hanseatin einen Grafen hereinlegte

Der Aufstieg der Hanse ist keineswegs allein das Verdienst unserer hanseatischen Ahnherren. Auch ihre Frauen haben an der Erfolgsgeschichte gehörig mitgestrickt.

Aus der Mitte des 15. Jahrhunderts ist sogar das merkantile Glanzstück einer Elbhanseatin überliefert, mit dem sie sich selbst ein Denkmal gesetzt hat.

1429 hatte der Schauenburger Graf Otto, damals der Schutzherr Hamburgs, bei einem Gelage im Ratsweinkeller die Torsperre verpaßt und konnte somit den Heimweg ins nahe gelegene Pinneberg nicht mehr antreten. In diesem Punkt nämlich waren die Hanseaten nicht nur gerecht, sondern auch unerbittlich: Die Sperrstunde galt für alle, auch für den Standesherrn.

So bot denn der damals in der Stadt amtierende Bürgermeister seinem hohen Gast an, doch bei ihm zu Hause zu logieren. Ob schlicht aus Freundlichkeit, was bei Bürgermeistern gelegentlich vorkommt, oder aus purer Berechnung, sei dahingestellt.

Dieser Bürgermeister nun soll eine ungewöhnlich attraktive Frau gehabt haben, was damals bei Honoratioren, die ja nach Geld heirateten, nicht allzu oft der Fall gewesen sein dürfte. Mehr noch: Die Dame war auch geschäftstüchtig und – wie es dazu eine unabdinbare Voraussetzung ist – ziemlich raffiniert. Sie merkte, wie sich der gute Graf Otto in ihrem Hause vollknallte, den besten Wein wegtrank und dabei »schier lustig« wurde und die Dame des Hauses »mit lieblichen Worten und holdseligen Gebärden anging«. So jedenfalls steht es in der Chronik, die im übrigen den Leser mit seiner Phantasie allein läßt.

Jedenfalls soll die Dame des Hauses die Gunst der Stunde genutzt haben. Als sie bemerkte, daß der Landesherr ziemlich abgefüllt war und seiner Sinne kaum noch mächtig gewesen sein dürfte, ist sie in die Offensive gegangen und hat sich ein hübsches Grundstück an Land gezogen. Sie bat Graf Otto nämlich, er möge ihr doch ein Stückchen Land schenken, ein ganz kleines nur, ein »lüttes Rümeken« irgendwo vor dem Millerntor. Sie zog – vermutlich aus dem Dekolleté, das Otto mit glasigem Blick beäugte – eine Abtretungsurkunde hervor, die ja geschäftstüchtige Damen stets an dieser Stelle mit sich herumzutragen pflegen, und Otto unterschrieb. Wahrscheinlich in der Hoffnung auf die weitergehende Gunst der Dame, die in Anspruch zu nehmen der Herr Graf allerdings wohl kaum noch imstande gewesen sein dürfte. Tatsache ist: »Dat lütte Rümeken« reichte vom Millerntor bis zum Altonaer Grenzbach, nach heutiger Flurbezeichnung umfaßte es das ganze St. Pauli.

Mit ihrem Eintritt in die Geschichte, ihrer Öffentlichkeitspremiere gewissermaßen, hat die Hanseatin somit eindrucksvoll bewiesen, daß sie allemal mehr war als ein Anhängsel unseres kaufmännisch so überaus begabten Ururgroßvaters. Ob sie – von Einzelfällen wie der hier beschrieben Bürgermeistersfrau einmal abgesehen – über hinreichende erotische Anziehungskraft verfügte, die den Hanseaten sein Geschäft der hanseatischen Arterhaltung mit Lust betreiben ließ, entzieht sich unserer Kenntnis. Daß sie geschäftstüchtig war und sich die Aufwendungen für sie unter diesem Gesichtspunkt amortisierten, beweist die Geschichte um »dat lütte Rümeken«.

Es lebe die Hanseatin!

Über betruegerische Gewürzhändler

Materialisten betrügen:

1. Wenn sie ihre Waaren übersetzen und daran allzu großen Gewinn suchen.

2. Wenn sie alte, verlegene und fast verdorbene Materialien wohlfeil einhandeln und solche vor frischen Waaren wieder verkauffen.

3. Wenn sie aus dem gantzen Zimmet und ungestossenen Naegelein die Essenz auskochen, solche wieder trocknen und mit einer Loquore faerben, dann in einer Kiste, wo zuvor guter Zimmet und Naegelein gelegen, damit sie wieder einen Geruch bekommen, legen, etwas frisches darunter mischen und es solcher Gestalt miteinander an den Mann zu bringen suchen.

4. Wenn sie auch allerley koestliche wohlriechende Höltzer, Rinden und Früchte, so entweder gantz keine Kraeffte gehabt oder doch derselben beraubt worden, deren jedes, nach Belieben, mit gewissen Spiritus, Essenzien und Oelen ein wenig anfeuchten und nachgehends vor veritable paßiren muessen.

5. Wenn sie unter gestossenen Pfeffer faul Holtz oder das Pulver von scharffen Wurtzeln thun.

6. Wenn sie unter den zerstossenen Ingwer zerstossene Erbsen mengen.

Betrugs-Lexikon, 1761.
Worinnen die meisten Betruegereyen
in allen Staenden

Aus dem Erfahrungsschatz des Hanse-Kaufmanns

Bi Koopmannschaft schedt sick de Frünnen.

Arvgood mookt keen Quesen.

De de Ogen nich updeit,
mütt den Büdel upmaken.

Wer Lust hett to'n Hanneln,
de hett ok Lust to'n Bedregen.

Hool di an'n Tuun, de Heven is hoch!

De Ansichten ännern sik,
wenn de Uutsichen anners ward.

Wat to'n Swienstrog uuthaut is,
dat ward miendaag keen Vigelin.

All to mien Besten sä de Jung,
dor hau sien Vadder 'n Schacht
op sien Ors twei.

Dat is'n dummen Voß,
de man een Lock weet.

Kannst die dreihn als du wullt,
de Steert blifft jümmers achtern.

Wer sick to nix makt,
de is ook nix.

Dat wüllt wi wull kriegen,
sä de Afkaat un meen dat Geld.

Schiet blifft Schiet, un wenn
dat in de Bratpann kümmt.

BÜCHER DES NORDENS

Carsten Frerk
Der Sohn des Freibeuters
Hamburg Anno 1591
Historischer Kriminalroman
280 Seiten, gebunden
ISBN 3-934613-06-03

Heinz-Joachim Draeger
Von Koggen und Kaufleuten
Eine Hansestadt im Mittelalter
Großformatiges Bilderbuch
32 Seiten, gebunden
ISBN 3-934613-00-4

Paul Barz
Der wahre Schimmelreiter
Die Geschichte einer Landschaft
und ihres Dichters Theodor Storm
260 Seiten, gebunden
ISBN 3-934613-07-1

Carl-Hans Jochemko
Im Schatten des Michels
Kindheitserinnerungen an die
vierziger und fünfziger Jahre in Hamburg
184 Seiten, gebunden
ISBN 3-934613-02-0

Kurt Grobecker / Kerstin von Stürmer
Hamburg skandalös
Chronik der Peinlichkeiten
144 Seiten, gebunden
ISBN 3-934613-01-2

CONVENT VERLAG